读懂了生命的意义
就读懂了全部人生

似水流年

沈福忠 著

民主与建设出版社

·北京·

图书在版编目 (CIP) 数据

似水流年 / 沈福忠著 . -- 北京：民主与建设出版
社，2021.5

ISBN 978-7-5139-3538-8

Ⅰ. ①似… Ⅱ. ①沈… Ⅲ. ①格言—汇编—中国—现
代 Ⅳ. ① H136.33

中国版本图书馆 CIP 数据核字（2021）第 084937 号

似水流年
SISHUI LIUNIAN

著　　者	沈福忠	
责任编辑	周佩芳	
封面设计	陈景丽	
出版发行	民主与建设出版社有限责任公司	
电　　话	（010）59417747　59419778	
社　　址	北京市海淀区西三环中路 10 号望海楼 E 座 7 层	
邮　　编	100142	
印　　刷	河北信德印刷有限公司	
版　　次	2021 年 7 月第 1 版	
印　　次	2021 年 7 月第 1 次印刷	
开　　本	710 毫米 × 1000 毫米　　1/16	
印　　张	18	
字　　数	235 千字	
书　　号	ISBN 978-7-5139-3538-8	
定　　价	69.80 元	

注：如有印、装质量问题，请与出版社联系。

自 序

一朵盛开的鲜花，在会欣赏者的眼里，他感受的是季节的火红，在不会欣赏者眼睛里，仅仅是一朵美丽的鲜花而已。

在利益面前，某些人的私心表现得格外抢眼。敢于否定自己，才敢于去创造未来。自己的行为不被他人认可时，请不要泄气，时间会给你想要的结果。一个人自己肚里没货，只有借助他人的食物来满足自己的胃口。轻松得到的，郑重送回去。不要将自己想象得那么高大，其实你的言行已经证明了你是怎样的一个人。华而不实地做事，象征意义往往大于实质意义。是什么样的小溪成就了江河的奔腾不息，是什么样的山丘成就了高山的巍峨。乐观是成功之母，快乐是健康之母。对于敲锣打鼓的人来说，他们的关注点并不在锣鼓的节拍上，他们的关注点是在场面上。

人在行走的路上从来不是孤单的一个人，与你同行的有成千上万人，不过有的走的与你是同一个方向，有的走的与你是相反的方向。如果不是虚假去抢眼，也许真实不会显得那么耀眼。理智之光不会因为你的处境艰难而失去它的光芒，也不会因为你的处境向好而增加你的亮度。虚荣心对于奉承者的某种投缘，通常不是出于感情，而是出于某种动机。曲子虽然高雅，只是演唱它的人时常跑调。

有时候主动放弃与争取得到，实际上做的是同一件事。大地是天空永不落幕的舞台，天空是唱给大地永恒的歌。迷恋幻想，失去真实的自己。中肯的评价胜过虚假的赞美。有些人做真实的自己比做虚假的自己还要难。承诺无论大小，分量一样轻重。思想的困局比自然界的困局更难破解。如果真理不能够成为你心中的灯塔，那么谬误就会在你心中安营扎寨。你要随风起舞，必须要选择好方向。

事物本身并不精彩，当事物在发展过程中让人们产生的奇思妙想才真正精彩。摔得最疼的人，是后来走得最远的人。淘汰很残酷，却是新生的必需。好心若是用错了地方，同样是有害的。羡慕他人的最好办法是超越他人。世界上一切不可能中都蕴含着极大的可能。外观的精致并不意味着实用。

河床的改道是自然力的作用，人生的变道是心力的作用。某些人陶醉眼前的路，对未来的路并不急于规划。在中国人的语境里，胆怯就是退缩，勇敢就是一往无前。爱情的熔炉里冶炼的是忠贞，而非甜香的蜜汁。不要用自己的鲁莽去屡试他人的耐心。美好的愿望难以支撑空虚的人生大厦。貌似公正的人，实际上既不会公正，也做不到公正。无论是责备他人或者去责备自己，都不如一切重新开始。慷慨给他人的，他人会分毫不差地回报给你，只是需要时间。昨天的感觉不会在今天重复出现。所谓的切换乃是人生的又一种开始。

方向的迷失者，大都缺乏思想的深度。心灵的自由奔放，源自思想的一江春水。不期待也许没有遗憾，不拥有也许不怕失去。自控力的效力远在约束力之上。永不凋谢的鲜花只能留存在画中，永不放弃的力量之花在渴望成功者身上绽放。如果成功仅仅是为了获得心理上的某种满足，那么人生所经历的一切就会变得毫无意义。让生者有大地的震撼，让死者有不朽的余韵。不能承受伤痛的磨砺，亦不能成为人生的强者。语言是苍白的，行动是闪光的。失败的痛楚是人生成长过程中必须品尝的滋味。一个肯于负重前行的人，他的心里装着大千世界。一个在担当面前拈轻怕重的人，他的心里装着的是自我。最好的人生，是你我都被刻上鲜明的时代烙印。新的起点为人生的底色增添了一分厚度。人若是不追求自己的高度，只能做他人的附庸。

历史不是一个人书写的，它借助于时代的推力，引领时代的前行。抹去大地上足迹的人将失去生命，终止天空飞翔的鸟便完成了自己的使命。好高骛远的心态如影相随试图改变前行的方向，执着且专一的进取精神在书写生命的传奇。天空注视每一位过客，大地在倾听每一位过客的足音。现实是人生最生动的诠释，未来仅仅是一种预测。

目
录

　　生命的永恒不是在时间的瞬间，而是在人生的长

河里所激起的浪花。读懂了生命的意义，就读懂了全

部人生。心灵的自由奔放，源自思想的一江春水。人

在行走的路上从来不是孤单的一个人，与你同行的有

成千上万人……

第一辑 为生命放歌·为人生续传

人生的江湖，便是心中的大海。人生的意义就是发现美，培植美，奉献美。不懂得人生意义，其人生必定是虚度年华。生命的永恒不是在时间的瞬间，而是在人生的长河里所激起的浪花。

人生篇

追求篇

机会篇

挑战篇

努力篇

第二辑　学习·思考·智慧

　　思想是心灵的钥匙。思想的深度往往决定人生的高度。思想之花只有深深扎根于人生沃土，才能绽放得如此美丽。一个人的影响力，不在于其实力而在于其思想与智慧。思想之光是永恒的，它是心灵之灯，智慧之母，是照亮人生前行的光明之塔。

学习篇

智慧篇

感悟篇

聪明篇

理智篇

第三辑　志向·奋斗

羡慕他人的成功，不如开启自己的人生。成就人生事业的大都不是靠机遇，而是依靠自身百折不挠的奋斗。进取之心是人生的不竭动力，自己的命运就掌握在自己手里。人生追求的价值不在于其追求的目标，而在于其追求的目标能够让他人从中受益。

成功篇

成败篇

挫折篇

志向篇

行动篇

第四辑　真理·善良·友谊

处世最好的方式是待人真诚。对于人之间的交往而言，理解与信任比什么都重要。人生的失真往往是从不诚实开始的。生命的真实性是其经历磨难而不改变其本色。只有自己的言行是可信的，才有可能在他人面前树立自己的尊严。

真诚篇

善良篇

包容篇

规则篇

处世篇

第五辑　爱情·婚姻·家庭

生命因为有了爱情更加充盈。真正的爱情不是花前月下的浪漫，而是两颗执着的心心心相印。不要为眼前的风景陶醉，你前方的风景更美。读懂了一粒沙子，就读懂了奔腾的江河。生命的底气是荒原上生长的一棵大树，是溪流汇集起来的一条江河，是众多山丘之上隆起的一座高峰。

情感篇

幸福篇

第六辑 江河不老·岁月永恒

　　世界这么大，总会有一处值得你驻足欣赏的风景。芬芳的鲜花，在欣赏者眼里才是有价值的。日月之光的永恒，在于它的每分每秒都是不可缺失的。日月的光泽是写在大地、江河、山川上的永恒。是大地的力量让江河湖海、日月星辰变得熠熠生辉。

人文篇

自然篇

时光篇

第七辑　为自己画像·为他人画像

心态决定你对幸福的感受程度。拥有健康的心态比拥有多少财富都重要。心中有阳光，满眼皆是春色。世界给我美，我回报以歌声。世界给我吻，我回报以微笑。世界给我阳光，我回报以灿烂。世界给我掌声，我回报以鲜花。

心态篇

反思篇

名利篇

人性篇

自我篇

第一辑

为生命放歌·为人生续传

　　人生的江湖，便是心中的大海。人生的意义就是发现美，培植美，奉献美。不懂得人生意义，其人生必定是虚度年华。生命的永恒不是在时间的瞬间，而是在人生的长河里所激起的浪花。

人生篇

人生

1

人生的江湖，便是心中的大海。

人生一世奔波，定格在一瞬间。

人生有人牵挂，是一件美好的事。

人生过不去的坎，大都是心结所致。

人生若是只有甜，缺少苦，是不完整的。

人生的不确定性莫过于失去人生的定位。

人生淡忘的事，岁月已经为你作了注脚。

人生的田园里需要用最美的景致去扮靓它。

人生的每一段过往，都有一个刻骨铭心的故事。

人生经历了无数的磨难，也观赏到极佳的风景。

人生的意义就是发现美，培植美，奉献美。

人生不是谁比谁有多强，而是在比谁更有耐心。

人生若是缺少定力，怎样去选择道路都不会有方向感。

人生的过往不过是一场戏，每个人都是戏中的一个角色。

人生的一半时间是自己在行走，一半的时间是他人推着在行走。

人生的足迹追寻的是有色的世界，而心的足迹追寻的是无声的世界。

人生只有站在一定的高度，才可以与人比肩，否则只能退而求其次。

人生的意义不在于自身的成就，而在于为社会与大众做些什么。

人生的意义在于用自己勤劳的双手，创造无愧于时代的伟大业绩。

人生不能贪求太多的东西，留下一点空间，以便装进更有用的东西。

人生中会发生许多意想不到的事情，只要心生坦然，应对就不是问题。

人生的双脚踩在两道门槛之间，一道是成功的门槛，一道是失败的门槛。

人生的前行永远会处在前进挡上，遭遇几次后退挡不是坏事，有可能使你更好地前进。

人生是一个大熔炉，能够经受冶炼的人被锻造成好钢，经受不了冶炼的人变成废钢烂铁。

2

不懂得人生意义，其人生必定是虚度年华。

不是人生之路之漫长，而是你的心不够沉稳。

不能承受伤痛的磨砺，亦不能成为人生的强者。

岁月沉淀人生精华，汗水书写人生未来。

岁月以它睿智的目光在审视人生的每一个过客。

岁月从来不会承诺，却是每个人人生称职的监考老师。

岁月以不动声色的力量，或者助力或者慢怠人生过往中的每一个过客。

岁月是伟大的鉴赏家，人生的一举一动都逃不过岁月那双雪亮的眼睛。

人生最大的失落是不能实现对成功的向往。

人生最大的惊喜莫过于看到他人正在分享自己创造的劳动果实。

人生最大的遗憾是，当你尚未开始行程的时候，你已经落伍了。

人生最大的危险是处于危险的边缘，尚不知道危险的即将来临。

人生路上不缺少同行者，缺少的是趣味相似的志同道合者。

人生路上的障碍物不是为怯懦的人准备的，它是为勇敢者准备的磨刀石。

人自信首先要有志气，志气是人生独一无二的支撑。

在人生的每一步足迹里，我感受到奔放的旋律。

在人生的待耕地里，无论怎样去深耕细作都不是多余的。

在未知的世界里追索人生的荣耀，在虚幻的世界里追索空耗人生的年华。

在自由奔放的人生中，传递的是一种进取精神。

有选择人生的权利，没有懈怠人生的理由。

有的人一生琢磨事人生收获精彩，有的人一生琢磨人浑身伤痕累累。

不要因为对眼前处境的担忧，而失去了观赏人生佳景的最好机会。

有些错是心中的痛，有些错是身体的皮外伤，有些错是人生的一服清醒剂。

3

底色是人生的本色。

气质是人生亮丽的名片。

操守是人生的总开关。

优秀品质是人生不可多得的财富。

惰性，是人生面临的第一个敌人。

思维的惯性常常在挤压人生的空间。

纠结是人生前行路中遇到的一道坎。

心里的阴影是人生中的硬伤。

心胸是人生的一个窗口，更是一面镜子。

曲折的人生给自己留下思索的空间。

坎坷的人生，铸就了一身的钢筋铁骨。

缺少人生的坐标，走到哪里都是在漂流。

做不到人格上的独立，不足以谈人生。

美好的愿望难以支撑空虚的人生大厦。

恰到好处的得到，就是一种人生的优雅。

即使高尚者，其人生也不缺少瑕疵的存在。

新的起点为人生的底色增添了一分厚度。

懂得自身的价值，就是在收获人生的价值。

承诺者的践行是在浓墨重彩书写自己的人生。

要做人生前行的呐喊者，不做故步自封的喧嚣者。

现实是人生最生动的诠释，未来仅仅是一种预测。

真正的自尊，是在人生失落的时候不输掉自己的志气。

信念像一把万能钥匙，人生旅途中什么样难题的锁都不难打开。

最好的人生，是你我都被刻上鲜明的时代烙印。

自满会降低人生的高度，谦逊会增加人生的高度。

没有温度的人生，何来人生的高度。

当激情在心中升起的时候，人生将进入一个新的天地。

当一个人获得人生的满足感时，其前行的动力已经不足了。

当你为一己之利不能解脱的时候，你的人生将大打折扣。

即使擦去镜片上的尘埃，也不能够让你看到人生的深处。

谁若视人生为一场游戏，谁将会成为游戏上的一个丑角。

懈怠不仅仅耗尽的是时间，人生的精华也是这样被白白浪费掉的。

穿越历史的人们，是否从昨天的人生中找到某种自我宽慰的荣光。

青年人的雄心可嘉，人生却是漫长的旅行，需要足够的毅力和耐心。

磨合的结果，使每一台机器部件运转得更加顺畅。人生何尝不是如此。

我不需要站在令他人侧目的高度，我只需要人生一个立足点就足够了。

我独自穿越茫茫人海，到达黄昏的尽头，我该如何去理解人生的意义呢？

笑对人生还是漠视人生，这不是一种兴趣的问题，而是一种精神状态的问题。

没有哪一条道不是经过了千百次的反复碾轧，才最后成型。人生之路也是如此。

好心人用爱来织密他的人生之网，歹心人用石头篱笆与他人之间垒起一道高墙。

将荣誉看得至高无上，其人生将会裹足不前。将荣誉看得淡然，其人生会精彩无比。

如果人生仅仅是谋生的手段的话，那么生命既无底色又无活力，无疾而终是其必然的结局。

4

无论人生到达怎样的高度，都不能忘记自己的起点。

看不透小溪，看不透江河。看不透生活，怠慢人生。

重塑人生比新生的生命耗费的时间更长，付出的心血更多。

所谓的切换乃是人生的又一种重新开始。

所谓的看淡，不过是迟暮之年对过往人生的一种忏悔。

河床的改道是自然力的作用，人生的变道是心力的作用。

若是心中没有太阳，你的人生天空将会布满阴云。

若是心里无纠结且充满对人生的向往，其人生将会活力四射。

若是你的人生是有意义的，即使死亡也不会寂寞，生命事先会为你加冕。

历史不会为你的人生过失买单，只会留下负面的记载。

生活中一半阴影一半阳光，人生中一半失败一半成功。

生活无序是一种忙乱的感觉，人生无序是一种生命难以为继的感觉。

只进不出的交易在商品流通市场行不通，在人生市场上也行不通。

只要行进的是人生的正道，何必在意是步行道还是快车道。

只要你所做的一切都是有意义的，你的人生就是有价值的。

幻想有时候虚无缥缈，有时候却可以成为人生的某种动力。

幻想只会推高一个人的欲望，不会成就亮丽的人生。

幻想是一道逆光，它总是将人生向逆向的方向引领。

乞求得到的东西不会充实你的人生，只会令你的人生前景更暗淡。

每一天都是新的开始，每一分钟都在收获不一样的人生。

每个人都有自己的人生轨迹，不可能生活在同一条轨迹线上。

每个人都有自己的人生工程，不过有的设计工程宏大，有的工程简陋。

5

鲜花在春天到来时开放，人生在磨砺中不断前行。

心结就像天上的乌云，遮住了人生如日中天的才华。

江河的气势在于奔腾咆哮，人生的高度在于它的低调。

江河水流的落差可以造就强大的电流，人生的落差则是一场灾难。

开在田野、山间的花朵早晚会凋谢，唯有开在心里的人生之花永不凋谢。

太阳的尽头在宇宙，江河的尽头在大海，人生的尽头在宽广的世界和未来。

云雾中的人生常常走向未知之处，人们看不清世界，却将云雾视为未知的世界。

闪光的语言也许不缺少听众，但它既不会成为生活的引领者，也不会为人生带来动力。

方寸之间常常表现出两种人生世界的博弈，一个世界的胜利意味着另一个世界的失败。

如果你能够正确迈出人生的第一步，人们有理由相信你不会错失未来的前程。

如果你能够抛弃一己之念，你就会像自由的鸟一样飞翔在人生辽阔的天空。

如果生命是一道彩虹，将会惊艳整个大地；如果人生是一条江河，它将是大海的不竭源泉。

我在曾经贫瘠荒凉的土地上，栽种出不惧风雨、不畏严寒、不怕旱涝的人生之树。

即使诞生在一个富庶的家庭，他的人生也是空白的，同样需要白手起家去创造自己的人生。

我没有太阳那样大的能量，我只是一个掌灯人，在你需要的时候为你点亮人生的长明灯。

树木经过修枝打杈剔除多余的枝条才能长成材，人生经过岁月打磨经过生死摔打才能成为人才。

从某种程度讲，不被他人理解或者受一些委屈，更有利于长硬人生的翅膀，磨砺人生的意志。

一条大江经过千百条小溪的助力形成波澜壮阔的奔流，一个人经过岁月磨砺成就自己的人生。

天空因你的出现而变得灿烂，江河因为你的汇入而变得澎湃，人生因为你的执着变得更加美好。

6

人每天在演奏自己的人生进行曲，有的曲子高昂，有的曲子低沉，有的曲子优美，有的曲子刺耳。

人生真正具有价值的东西，不是其财产，而是其超人的智慧，高尚的情操，他人不可企及的风范。

潜能是人生的一笔财富，若是去发掘将造福你的人生，若是无视它的存在将会浪费一笔宝贵的财富。

在智者面前不要卖弄聪明，在弱者面前不要逞凶，在天地面前不要发狂，在人生面前不要无所作为。

节制是一种美德，它会将那种过度张扬的人引导到远离鲁莽喧嚣、平静而又不失亮丽的人生之路。

节制之美只有在人生处于躁动或者置于风险边缘，才能够真切地感受到，平时很难看到它现身的影子。

人生中的某种损失是除旧布新，是一种有价值的补偿，是由低级走向高级阶段转变过程中的必经之路。

心结是人生中的一道坎，若是越过这道坎将进入新的天地；若是迈不过这道坎将困守在狭窄的天地里。

纵然是高贵者也扮演着两副嘴脸：当他人生一帆风顺时高傲得像个国王；当他人生失落时恐慌得像个乞丐。

阳光的人，他的生活始终是快乐的，人生是精彩的。心理灰暗的人，他对生活一直耿耿于怀，人生鲜有亮点。

将一切看得完美无缺，你对人生路上的风险估计不足。将一切看得风险过高，你对人生之路的信心准备不足。

在渴望被现实风暴摧残面前，人的承受力不如一棵小草；在仰望星空的时候，人的心并不比苍鹰飞得更高。

人生是天生的歌手，它的一举一动都在歌唱。不过，有的曲子动听他人驻足欣赏，有的曲子只能供自己欣赏。

当我无法表达自己的感情时，就用歌声去表达；当我无法表达他人馈赠时的谢意时，就用人生的付出去表达。

7

真正的人生开始，是你向前迈出一大步，是你感受到肩上沉甸甸的担子，是你仰望星空，眺望未来朝霞的时候。

当自由徜徉在无边无际的大海时，我们并不担心大海上的风高浪急，而是担心这种无节制的自由会改变人生的航向。

若是将幻想看成自己的人生，其人生必将暗淡无光。若是将人生视为一场攻坚战，其人生必将攻城拔寨，捷报频传。

幻想是一种单相思，不论是财富还是舒适的生活，不论是美丽的景致还是有所作为的人生，都不会自动来到你的面前。

目光短浅的人，他看到的只是眼前的好处，他感受不到天空之辽阔，大海之深邃，大地之丰厚，人生路上的风景美不胜收。

有些东西失去了，可以从另一个地方或者另一个渠道补偿回来。若是人生中最珍贵的东西失去了，一生一世也补偿不回来。

我有三个人生：一是青年时躁动的人生；二是中年时改造的人生；三是老年时平静的人生。不过，我更喜欢青年时躁动的人生。

违心的事实房间为你预留了一扇窗户，你若是打开了它，你将上升到人生的高度；你若关闭它，你将受困于情绪化之中不能自拔。

如果你是一江奔流，你是否愿意他人驾驭的人生之舟与你同行。如果你是一道朝霞，你是否愿意他人的人生之光与你一道惊艳大地！

大自然对人类的馈赠是慷慨的，我们是运用这些馈赠去改造生活，改造人生，推动社会进步，还是坐拥这些馈赠不思进取呢？

在困难面前，你是一个勇敢者。在鲜花与掌声面前，你是一个清醒者。在利益面前，你是一个止步者。在人生面前，你是一个进取者。

是黎明的曙光在梦中的头脑里闪亮，是树叶的簌簌之声唤起对生命的渴望，是沉寂已久的呐喊在心之海澎湃，是喧嚣的江河助推人生之舟驶向蔚蓝的大海。

如果时光可以倒流的话，人们可能会成为街头橱窗的陈列品。如果人生可以定格的话，人们或许满足于既有的现状，不再去追求更广阔的世界。

如果我们不将自己所熟知的一切，当作私有财产雪藏而是与大家分享的话，或许我们能够破除生活中的难点、思想上的盲点，更容易找到人生的共同点、切入点。

生命

1

生命是唱给大地的歌。

生命像爱的江河永远不会停止奔流。

生命是流动的江河，灵魂是江河奔流中的旋涡。

生命是一条光明之河，从光明走向光明。

生命是一个征服者，它在征服自然中成就自己。

生命是一支牧歌，它唱给追梦草原的人倾听。

生命是一首赞歌，它在为生命的每一个亮点歌唱。

生命是一首激昂的曲子，它的每个音符跳动着奋进者的旋律。

生命是永恒之光，它借助传承的力量，使生命之光不断放大延伸。

生命是感知大师，任何能够撼动生命的东西，都会令生命更加强盛。

生命是一部厚重的历史，只有与生命同等价值的人生，才有资格撰写生命的历史。

生命不是一座已经建成的宫殿任其享用，而是一条正在修建的大道任其不断拓展延伸。

生命不应当只是一处平静的绿洲，它还应当是一条奔腾的江河。

生命不是一条喧嚣的江河，而是一片辽阔深邃的大海。

生命不是靠自身的魅力取胜，而是靠强大的生命力取胜。

生命不是去显示耀眼，而是用来显示力量。

生命，只有在它执着的时候才能够感受到其耀眼。

生命与大地的胶着，让一棵倔强的生命之树傲然屹立。

生命与泥土的胶着，是在践行奋斗者曾经的诺言。

生命之曲用其委婉深沉的声调，伴随一个人成长。

生命一年四季都在歌唱，只是有的季节唱得高亢，有的季节唱得圆润，有的季节唱得浑厚，有的季节唱得深沉。

生命是一条永不停息的江河，它从涓涓细流奔向广阔的大海。生命是一座连绵不绝的山脉，它由无数座山丘隆起。生命是一片森林，它由无数棵小树繁衍生息而来。

2

生命不灭，江河不老。

生命只会奔放，不会宣泄。

生命从不忧郁，生命总在歌唱。

生命用悠扬的歌声在天地间传唱。

生命不会毁灭，因为生命不会屈服。

生命从它的色调中显示出荣耀与尊贵。

生命以它的无穷无尽的动力诠释其底色。

生命中若没有经过磨难，对生命的感知十分肤浅。

生命不骛虚名，用厚重的底色构成最亮丽的人生。

生命对自己的每一天都发出不一样的惊叹。

生命对自身充满自信，不会因为挫折而丧失信心。

生命只有昭示前行的义务，没有停滞不前的权利。

生命中的画面珍藏着美好的记忆，也传递着对未来人生的期冀。

生命对于每个人来说是一个奇迹，机遇对于人生来说是一个恩赐。

生命之花不应在和风细雨中绽放，而应在暴风骤雨中显现本色。

生命之花在绝境中绽放，生命的执着在于其不断追寻远大的目标。

生命比爱情炽烈，比追求者执着，比坦陈者直白，比谦卑者深沉。

生命本身是个奇迹，只有在它耀眼的时候才会感受到奇迹的存在。

生命从来不是孤单的，尤其是在太阳普照的生机勃勃的大地和繁星闪烁的夜空。

生命既不会看重一个强者，也不会轻视一个弱者，生命对每一分子都是公正无私的。

生命呵，你释放出的每一个音符，发出的每一个笑容，淌出的每一滴汗水，流下的每一滴眼泪，都是有价值的。

3

生命在创造中展示出自身的强大。

生命在无数个接续中延续其生命力。

生命在深沉的时刻比喧嚣的时刻更具力量。

生命在其成长过程中，不时爆发出震撼人心的力量。

生命在激情的碰撞中闪光，思想在沉淀发酵中醇香。

生命在运动的过程中不断充实自己，使其变得更加强大。

生命在自然的博弈中，不断强化自身的抱负，壮大自身的力量。

生命在平凡的日子里看不到亮点，只有经过风雨的洗礼才会光彩照人。

生命在少年时期英姿勃发，青春时期光彩照人，壮年时期荡气回肠，年迈时期余音未尽。

生命在其运行过程中，对自身的感觉微乎其微。只有在其躁动的时候，自身的感觉才是强烈的。

生命在描绘大地的绿色，在鲜花中绽放，在天空中飞翔，在江河湖海里遨游，在宇宙间奔走穿行。

生命迈出的每一步，都在书写生命的历史。

生命因为失去追求而沮丧，因为前行而振奋。

生命每日以它崭新的面貌迎接新的一天到来。

生命如花开，凋谢如尘土。若是春天来，生命百花艳。

生命如同一株鲜花，在绽放的时候香飘四溢，在凋谢时悄无声息。

生命应当保持新鲜如初，不应失去光泽。

生命昂首的时候，人生之树蓬勃生长。

生命没有弹簧的伸缩性，它具有钢铁般的坚硬。

生命若是脆弱得不堪一击，被外在的东西颠覆是迟早的事。

我不是你生命中的一个角色，只是你生命中的一个看客。

我们都是生命摇篮里的婴儿，在生命的呵护下一步步成长。

我们常常面对的不是生命的风风雨雨，而是生命的平平常常。

对罪犯的软弱，就是对犯罪的纵容。对生命的漠视，就是对生命的践踏。

我是否可以成为一条小溪，为江河的奔流输送水源。我是否可以成为一座山丘，为高峰的隆起助力。我是否可以成为一株小草或一棵小树，为大地的绿色奉献生命。

4

生命的活力来自心灵的一江春水。

生命的存在是为了给世界一个奇迹。

生命的肉体是短暂的，其灵魂是永存的。

生命能够展示的绝不仅仅是生命自身。

生命的新征程，是在生命的延续之中。

生命的火花只有在身处绝境才可以迸发燃烧。

生命的脉搏里无时无刻不跳动着进取者的搏击声。

生命的种子藏在信念的深处，它等待着春天的来临。

生命的潜力若是不去发掘，如同一片毫无生气的荒原。

生命的力量在于对时间的穿透力，而非外在形式的亮丽。

生命的意义不在于去追求什么，而在于最终成就什么。

生命的分分秒秒都是珍贵的，不应当让它白白流失。

生命的永恒不是在时间的瞬间，而是在人生的长河里所激起的浪花。

生命的出发点不尽相似，生命的结局却是相同的，那就是追求功德圆满。

生命的光泽度，取决于岁月的打磨而非某种良好的愿望。

生命总是在沉默的时候积蓄力量，在激情到来的时候显示力量。

生命的价值不在于揭示生命的奥秘，而在于通过揭示生命奥秘给人生以启迪。

生命的价值不能仅仅用财富衡量，而应当用包括财富在内所创造的成就来衡量。

生命的歌声在天地间回响，生命的力量在万物中彰显。

生命的歌声具有时代的特征，不同的时期有不同的曲谱，不同的韵律。

生命的旋律在寂静黑夜里不再具有张力，当晨光破晓时，生命的旋律将会与爱的乐章一起奔放。

生命的底蕴在于其永不谢幕，它是唱给后来者的歌，是写在天地人间灿烂的华章。

生命的每一声呐喊里，每一个跳动的音符里，每一步的足迹里，都在发出生命的最强音。

生命的顽强出乎许多人的意料之外，当人们对人生处于迷茫之时，是顽强的生命给予人生勇气和立足点。

生命的最强音不是发生在大功即将告成的时候，而是发生在人生遭遇困难重重及生死攸关的紧要时刻。

生命的大合唱是由无数个音符构成，它唱出的美妙歌声，是世界上最伟大的音乐家和歌唱家也难以企及的。

5

读懂了生命的意义，就读懂了全部人生。

只有懂得生命的意义，才会珍惜生命的分分秒秒。

人生只有自己感觉到是有价值的，你的生命才不会失色。

人生对生命的贡献，如同江河对大海的贡献。

对人生的敷衍，是在浪费生命的资源。

生者如梦，死者如虹。

只有生与死的到来，才可以揭示生命的伟大。

生与死的轮回更像是大地与宇宙之间的转动。

让生者有大地的震撼，让死者有不朽的余韵。

若是对生命敬畏，人们对人生的每一天都会感到新奇。

人生的价值是在敬畏生命中实现的。

敬畏生命，亦是在滋润自己的人生。

敬畏生命，让生命的价值在你辛劳的每一滴汗水里，前进的每一步足迹里彰显出来。

在生命力的释放过程中，我听到了世界上最美妙的音乐，那就是生命的最强音。

在生命的世界里，每前进一步所带来的亮点，都会成为生命精彩的一部分。

在生命的每一分钟里，我听见了生命为你歌唱。

在生命的奔流中，每一朵浪花都述说着一个精彩故事。

在生命的旋涡里，任何一种激流都有可能改变江河的走向。

在生命的旅途中，充满着成功者的欢歌笑语和失败者的唉声叹气。

在生命面前从容大度，是诠释生命价值的一种方式。

生命脉搏跳动的是人生的每一个豪迈之举。

在吸收与消化人类思想精华中，生命在不断强筋壮骨。

在没有真正认清自己之前，生命对于自己来说永远是个谜。

有时候时间在无谓的空间耗掉，生命在不可预知的路上奔跑。

有些歌声是情感的抒发，有些歌声成就了喜庆的氛围，有些歌声是生命的绝唱，有些歌声是新生命的呼唤。

6

人生的每一步都是在佐证生命力的绽放。

不思进取的心态，是对生命的不敬。

激情喷涌是生命的一种放歌。

灵感是生命之泉的迸发。

时间是短暂的，思想是不朽的。

成长是生命奏响的一首激昂的曲子。

迟到的幸福是熬过痛楚之后，生命给予的奖赏。

创造历史的生命，给生命的历史撰写了崭新的一页。

世界之大，每一条生命都可以找到自己的生存之路。

充实的生命让人生具有价值，空耗的生命让人生变得毫无意义。

思想的脆弱支撑不起生命力的强大，心态的起伏不平常常窒息生命的活力。

用他人的烈火燃烧自己的生命，得到的并不是钢铁而是灰烬。

执着的生命与放任自流的生命永远不会出现在同一天际线上。

自信是生命强音中的一个音符，而镶嵌在大地的足迹则是对生命的诠释。

只要你是一个立志做事的人，你的生命无时无刻不是激情奔放的。

只要保持一种向上的心态，与生命一起奔跑，你的每一分生命都是有意义的。

他人给予的不是真正属于你的，属于你的需要用自己的汗水甚至生命去换取。

不要将人生看成是一场游戏，人生是在与时间赛跑，是在与生命的接力。

好高骛远的心态如影相随试图改变前行的方向，执着且专一的进取精神在书写生命的传奇。

当我们走进生命的中心时，唯一可以做的不是停顿，而是及时厘清思路，为生命加油，以备生命远行。

7

每一粒种子在生命的旅行中都会找到最佳的归宿。

绿草不是弱小的生命，它的足下拥有广阔的大地。

每个人都是生命中的演员，只是演技水平高低不同而已。

沙漠最具生命力的是绿色，江河最具生命力的是生物。

即使弱小的动物也具有征服比其强大生命力的野心。

新生的生命在揭示生命的奥秘，死亡同样是在揭示生命的奥秘。

抹去大地上足迹的人将失去生命，终止天空飞翔的鸟便完成了自己的使命。

春天在心中，满眼是苍翠；大海在心中，江河奔流不息；天地在心中，生命在起舞。

绿色是写在生命中的诗，是镶嵌在大地上的画，若是践踏了绿色，岂不是在践踏生命？

颜色鲜艳并非能够给人带来视觉上的冲力，力量强大并非能够证明其生命力的强大。

每条生命都有其成长的轨迹，不过有的生命轨迹清晰可见，有的生命轨迹模糊不清。

路边的花卉，山中的林木，一个用千姿百态，一个用伟岸挺拔，来证明它们是生命的佼佼者。

万物自有规律，当其旺盛至极时，衰亡就会来临；当其生命触到谷底时，反弹又将开始。

小溪向大地夸耀江河，小树向天空夸耀森林，星星向宇宙夸耀月亮，前辈向后人夸耀生命的永恒。

大地上，天空中，江河湖海里无论是强大的还是弱小的生命发出的每一个音符，都构成了这个世界美妙动听的大合唱。

江河对大地说："我是你的婴儿，幸福地躺在你的摇篮里。"宇宙对大地说："我是你忠实的保姆，你生命的一切需要，我都给予了你。"

生活

1

谁钟情于生活，幸福的大门就会向谁敞开。

生活的甜美，只有挚爱它的人，才会有深切的感受。

我不负生活，生活亦不会负我。

生活安逸了，人生无波澜。

所谓沉思后的生活，是心灵的自由放飞。

生活看好那种从不对生活挑三拣四的人。

付出永远补偿不了生活给予自己的馈赠。

荒唐的生活结出的苦果，只能由自己去品尝。

有的人不喜欢宁静的生活，却热衷于喧嚣的生活。

幸福的源泉是什么，是生命赋予生活无穷的乐趣。

生活的旋涡吞噬的是消沉的意志，是膨胀的欲望。

有的人对生活期望值太高，可自己付出很少要求太多。

有些人追求虚拟的东西，甚于现实生活中美好的东西。

任何一件使生活变得美好的东西，也会使生活变得更糟。

生活中如果没有经历过失落，绝不会将机会看得如此珍贵。

生活中发掘的东西最有价值，记忆中留存的东西最能回味。

幸福生活等不来，他人也给不了，要靠自己的双手去创造。

在这黎明的时分，小鸟比人类更早地进入生活的最佳状态。

奔腾的江流终日唱着欢快的曲子，以证明是对生活的热爱。

不要去挑剔生活，勇敢者与怯弱者的底气都来自生活的底蕴。

若是生活在思想的迷雾中，就会将巍峨的高山视为地平线上的土丘。

如果现实已不能满足对生活的需求，欲望将会为你打开另一扇大门。

有人总在羡慕他人的生活品位，却不知道如何去寻找自己的生活定位。

你厚待了生活，生活也会厚待你。你对生活冷淡，生活也会对你冷淡。

一个人的生活质量不是用是否有意义来衡量，而是用是否快乐来衡量。

若是不能领悟幸福的意义，即使生活在快乐之中，一样不会感受到幸福。

2

生活中的大场景，人生中的小场景。

对生活充满向往的人，其人生多姿多彩。

生活压不垮的人，其人生必有奇迹发生。

在生活的海洋里，畏惧风浪，人生将难以为继。

生活没有激情平淡无奇，人生没有激情无声无息。

一个对生活敷衍的人，难道不会对自己的人生敷衍吗？

一个对生活无序的人，你能期待他的人生节奏分明么？

人生是诗，生活是梦，梦中的诗更浪漫，诗中的梦更豪迈。

也许在脱离浮华跌落人生的低点，你才会看重平淡无奇的生活。

尽管外面的世界无比精彩，可有的人总觉得生活在自我的小天地里最保险。

对生活向往的人，每天生活在快乐中。对生活抱怨的人，每天生活在忧愁中。

给生活贴上高档次的标签，常常是那种对生活提出额外要求而非知足常乐者。

所谓的接地气，是你的脚步坚实地踩在大地上，心紧贴着生活的每一个细节。

生活从来不是你想要多少，就可以得到多少。而是你付出多少才可能回报多少。

有些人的生活就像天天在演戏，他并未意识到没有多少人会有兴趣观看其演出。

生活是一杯老酒，会品的人认为它的味道醇香，不会品的人认为它难以咽下口。

生活在他人世界里感受不到自己的作用，生活在自己世界里才感受到自己的力量。

财富的多少不能决定其生活质量的高低，心态的正确与否才决定生活质量的高低。

生活中的细节就像涓涓细流，看重它则成为江河奔流，轻视它则看不到伟大的结果。

创造者的生活虽然艰辛，可它是幸福的。坐享其成的生活来得容易，可它是廉价的。

我的坚强来自对事业的追求，我的优雅来自思想的修炼，我的微笑是对生活的回报。

不能让台面下面的行为破坏了台面上的规矩，不能让无序的行为去扰乱了有序的生活。

3

对生命的敬畏是在艰难困苦的磨砺之后，对幸福的认同是在经历了生活的酸甜苦辣之后。

生活在他人的世界里，你永远是他人的附庸。只有生活在自己的世界里，你才能成为人生的主人。

过高的生活要求并非你承受得起的生活，只有你的需求与付出相匹配的生活，才是理想的生活。

即使你地位尊贵也不得不承受世俗的巨大压力，即使你地位低下也可以从平淡的生活中找到快乐。

生活是美好的，只有对生活心存感恩的人，才能感受到生活的快乐、生活的深刻内涵及生活的价值。

并不是你想要什么样的生活就可以得到什么样的生活，而是你创造什么样的生活才可以得到什么样的生活。

一个人没有欲望的时候，他的生活风平浪静。当欲望走进其生活之后，他的生活之舟将在波峰浪尖上颠簸不已。

要真正了解一个人，不是在人情往来的时候，也不是在生活朝夕相处的时候，而是在涉及其切身利益的时候。

混搭经营是商人高明的经商策略，与不同性格、不同层次、不同追求的人，共同生活、发展，不也是一种谋略么？

爱是温柔的，即使在惩罚你的时候，也不会让你感到可憎。恨是可怖的，它在惩罚你的时候，让你对生活失去了信心。

在我看来，最高的奖赏不是名誉、不是地位，也不是舒适的生活，而是一杯香飘四溢的清茶，一支书写激情的笔，一句暖透人心的话语。

如果关上思想的大门，我们将看不见天空中的雷鸣电闪，听不见江河奔流的涛声。如果我们心中没有爱和恨，我们生活的将是一个混沌不清的世界。

经历

经历是人生最重要的财富。

经历得越多，对生命的敬畏感越强烈。

经历是磨刀石，在磨砺思想的迟钝。

他人说千百遍，不如自己去经历一遍。

文明的举止，大多经历了思想的过滤。

人类所经历的一切，都会被历史所记载。

深邃的思想大都经历了心灵的碰撞与磨合。

没有死而后生的经历，难以成就人生的伟业。

不去经历怕失去机会，经历之后是否还有动力？

不经历地狱般的痛苦，就不会有脱胎换骨般的新生。

没有经历过曲折跋涉的艰难，怎能一步迈进人间的天堂。

敢闯深水区的人，大都经历了浅水区的无数次考验。

经历总是在给我们补课，它引导我们从未知走向有知。

作为一个成功者，过往的经历常常成为其慰藉心灵的良药。

优雅是一支美妙的曲子，演奏它的人经历了一生的练习。

每一个故事背后所经历的一切，远远超过故事本身的情节。

摊在桌面上的话，都经历了桌面下边多少个回合的碰撞磨合。

浅显明了的道理，在被充分表达之前经历了删繁就简的安排。

用经历书写的文字，只有具有相同或相似经历的人才能读懂它。

记忆是一册清晰的账本，一生所经历的酸甜苦辣都记载得一清二楚。

在诉说过往的经历中，人们总是通过有形或无形的方式美化自己的行为。

经历是人生的一笔财富，它会令人生更丰富，眼光更睿智，智慧更超群。

只有经历没有阅历的人，顶多是个强者。既有经历又有阅历的人，才有可能成为智者。

每个人的生平经历都写在额头与脸部的皱纹里，能够读懂此种人的是具有相同经历的人。

每个人一生要经历无数个困难，问题的关键不在困难本身，而在于对待困难持何种态度。

你所说过的话，所做过的事，所经历的一切，都会载入自己的人生史册。

生与死是生命的一种轮回，每个人都要经历这个过程。只是在轮回面前，有人淡然处之，有人痛苦悲哀。

不要相信所谓的人生捷径。应当知道，世上没有一个人的经历是相同的，也没有一个人的人生经历是一帆风顺的。

人生的路是相通的，但各自经历的路不会相同，有的经历平顺，有的经历曲折，有的经历不温不火，有的经历惊险刺激。

追求篇

坚强

勇气在坚强者那里找到自己的归宿。

想要不依附他人，自己必须学会坚强。

刀不经淬火不锋利，人不经磨难不坚强。

在暴风骤雨中淬火的生命如同钢铁般坚强。

人并非都能够做到优秀，但一定要学会坚强。

隘口挡住的是胆怯者，挡不住坚强者的脚步。

若是内心坚强，在任何艰难困苦场所都不会怯战。

思想在碰撞中产生火花，生命在险境中塑造坚强。

一个意志坚强的人，他的内心比一座城池还坚固。

凡是能够将我困住的东西，必将会使我更加坚强。

一个让人受伤的地方，也是让人变得坚强的地方。

从跌倒中站起来的人更坚强，从苦难中熬过来的人更知足。

并非强大的人才值得敬畏，弱小但坚强的人同样值得敬畏。

厄运不只是给你带来痛苦的遭遇，也带来了让你变得坚强的机会。

逆境对于胆小者来说是一场灾难，对于坚强者来说是人生再造之地。

真正坚强的人，不在于他所具有的力量，而在于它锲而不舍的毅力。

不敢与恶人为伍，就不是坚强者。不敢公开自身的丑陋，就不是坦荡者。

如果我是一个坦荡者，不会用含糊不清的语言表达自己的主张；如果我是一个坚强者，我不会乞求他人的庇荫。

姿态

奔跑是人生最好的姿态。

姿态是生命的一种竞技状态。

回归后的姿态更优美。

优美的姿态并非理想的结果。

姿态之优美并不能代表行为之优美。

世界不看好你的姿态而看重你的行动。

姿态不是供他人欣赏，它在决定人生的走向。

姿态是一种无声的语言，更是一种有声的行为。

崇拜仅仅是一种姿态，并不会自动成为自身的能力。

有些人的承诺更多的是一种姿态，而不会有任何行动。

与其说要放下自身的姿态，不如说要端正自己的心态。

姿态的优美并不代表行为的高雅，语言的神圣并不代表落地有声。

姿态不决定其进度及结果，但对事情的过程与人生的起步至关重要。

奢谈豪言的人，他并不具有改造自然的力量，其豪言不过是故作姿态。

从姿态到行动尚有距离，既不是一支烟的工夫，也不是漫漫长夜，而是由动情到动身的启程。

勇气

人不缺少勇气，最缺乏的是心智。

美好的愿望往往大于自身的勇气。

放弃和面对现实都需要有勇气。

赌自己的勇气，不要赌自己的欲望。

先谋而后动，冷静沉着比勇气更重要。

水激才产生浪花，险境才显示出人的勇气。

力量相当的人，比拼的不是勇气而是耐心。

从跌倒的地方，人们得到的是站起来的勇气。

上苍赋予人一定的勇气，也赋予人一定的智慧。

在生命通达的道路上，耐心比勇气表现得更耀眼。

当某种人失去理智时，其勇气和力量变得让人恐惧。

能将歧途化为坦途的人，是心中那颗没有被泯灭的勇气。

仅有力量和勇气，并不能保证一个人成为最后的胜利者。

无论是面对自身还是面对困难，都需要足够的勇气和智慧。

在风险面前智慧比勇气重要，在诱惑面前淡泊比逃避明智。

言辞常常走在行为的前面，勇气常常在行为开始之前表现。

眼光与勇气已经为人们规划了行进的路线和到达的目的地。

如果仅凭勇气可以到达生命的高度，那么智慧是否要甘拜下风？

他人的失误给了你无穷的动力，他人的消沉给了你自信的勇气。

勇气是人生最伟大的伙伴，它是人生的助跑者，又是人生的见证者。

人迷茫的时候，思想是心头之灯。人失落的时候，信念是勇气之源。

一个人的宏大决心，看上去更像是一种勇气，而非即将付出的行动。

弱小的时候想征服高山那叫勇气，强壮的时候想征服大海那叫志向。

那种自诩为慷慨大方的人，既拿不出勇气又拿不出钱财去资助他人。

点滴面前见涵养，困难面前见勇气，得失面前看风格，生死面前看精神。

在起跑线上落下并不影响后面的超越，关键取决于你是否有足够的勇气和力量。

有的人常常对自己的勇气欣赏有加，可当挫折来临时他又不知所措心灰意冷。

我不看好自己并非因为无知与无能，而是因为肤浅的思想夭折了自己的勇气和抱负。

在弱者身上，勇气通常不过是谋生的一种手段。在强者身上，勇气成为一种拓展人生空间的工具。

激情常常扮演着勇敢者的角色，让人们想要去做因为信心不足或者勇气不足未能做成的事，将其变为现实。

我羡慕天空的壮阔，可是我缺少飞翔蓝天的翅膀。我尊崇大海的深邃，可我缺乏在大海上搏击风浪的勇气。

勇气对某些人来说，仅仅是一副假面具。若是摘去假面具，人们看到的只是一副皮囊而已。对于敲锣打鼓的人来说，他们的关注点并不在锣鼓的节拍上，他们的关注点是在场面上。

追求

追求人生的过程，也是享受人生的过程。

没有任何期待能够超越对人生的追求。

人有追求才有动力。

追求应有度，无度则是幻想。

刻意去追求的东西往往事与愿违。

人之间的距离，是从各自追求开始的。

人若是不追求自己的高度，只能做他人的附庸。

满足于眼前的利益，怎么可以去追求更大的利益。

我们追求的往往得不到，我们拥有的往往守不住。

要追求有温度的人生，而非平淡无华的人生。

人生应当追求卓越，而不应当平庸地度过一生。

人生不应当追求外在的形式，而应当追求丰富的内容。

人生不在于他去追求什么，而在于他追求的东西是否有意义。

人生最深沉的地方，不是对物质的追求，而是对美好生活的向往。

人生的追求获得他人的认可比获取任何财富都有价值。

不去追求完美的人生，只能追求支离破碎的人生。

一个人可以漠视荣誉，但不可以懈怠对人生的追求。

当心灵的窗口被打开，我该如何去追求人生的永恒呢？

动力来自对自己清醒的认识，来自对人生不懈的追求。

有些人视人生追求为最大的成就，有些人视享受为人生最大的追求。

过多地去追求某种外在的形式，将面临内核被掏空的危险。

许多人都是这样：疯狂追求的得不到，容易得到的不看重。

幻象让我寻求得不到的东西，追索让我得到没有追求的东西。

蝴蝶翩翩起舞，并非在向蜜蜂炫耀舞姿，而是在追求生命的价值。

一个很有抱负的人之所以力不从心，就在于追求的东西过多而能力又不足。

有这样一种人：他们在思想上是率先觉醒者，在追求上是仰望星辰的人，在行动上是畏首畏尾的人。

笼中的鸟渴望飞翔，空中飞翔的鸟渴望有自由栖息之地。他们都非等闲之辈，都有自己的追求与梦想。

事物都处在变化之中，热衷追求的东西可能被你抛弃，爱好的东西可能被你厌恶，远离的东西可能会让你走近它。

除非有很高的追求，很强的欲望，人其实很好满足。一顿可口的饭菜，一间功能齐全的住宅，一种保证生计无忧的技能就足矣。

机会篇

机会

1

机会从来不是一条单通道，它是你来我往的双通道。

风险是对自己的考验，也是赐给自己的机会。

精明之人也会错失良机，笨拙之人也会抓住机会。

不是老天不给你机会，而是你在机会面前无所事事。

有些不起眼的东西，你不看重，或许就此失去了一个机会。

无论做什么事都会面临着难度，难度正是提高自我的极佳机会。

许多看似不可能的事情，在有胆识人的眼里是一种潜在的机会。

只有你珍惜机会，机会才会珍惜你。你漠视机会，机会也会漠视你。

当你还在叹息的时候，机会已经来到你的面前，你该如何去面对？

一帆风顺的成功常常被视为天赐良机，而不被视为勤奋努力的结果。

机会对某些不会珍惜的人，并非那么慷慨，它的吝啬超乎人们的想象。

不要将成功归之于机会，机会不过是为你提供了一个通向成功的平台。

送给他人的机会，并非某种人的高风亮节，而是无可奈何的忍痛割爱。

不要指望机会会主动为你送上门，任何一次对机会的错过都令你遗憾终生。

人生最大的遗憾莫过于机会来到你的面前尚未察觉，让机会白白从身边走失。

人们放弃到手的机会，并不是不想抓住机会，而是对自身的能力并不看好。

机会对每个人都是公平的，只是因为各自对机会的态度与把握的程度不同而有所不同。

事情的转机常常伴随着人们的沉着冷静而来，烂漫的鲜花在经历严冬迎来春天时绽放。

有些人总是羡慕他人得到的机会，可是机会从自己身边不断路过的时候，他一次也没有抓住。

我们不应当幻想利用时机创造人生奇迹，而应当充分利用现有的条件和机会去迎接未来。

我们所拥有的意愿超过我们的能力，我们时常将挫折与失败归责于错失机会而非归责于自身能力不足。

2

最大的风险中往往潜藏着最大的机遇。

艰辛远远超过机遇所带来的运气。

丢在水里的钱不响，落在地上的话有声。

机遇看似诱人，能够抓住机遇的人少之又少。

面子给人带来无限风光，也带来不堪重负。

规避风险既是一种人的本能，又是一种生存技巧。

把握机遇不仅可以成就强大者，对弱小者也至关重要。

对于想抓住机遇者来说，最大障碍是在机遇到来时犹豫不决。

机遇与你不期而遇，是抓住它，还是放它走，这要看你的决心。

当机遇到来时，我尚未准备好。当机遇离开时，我尚在准备中。

人们只愿意做按部就班的跟随者，不愿意做承担风险的引领者。

没有任何一种可能性不带有某种风险，若是怕风险就无法去尝试。

淹过膝盖的水致死人命，风险可能就藏匿在被人认为安全的事物之中。

选择

不会有最好的选择，只会有最佳的选择。

人生的成功莫过于人生对定位的选择。

你在选择人生的道路，时代也在选择你。

有什么样的心态，就会做出什么样的选择。

选择是在塑造未来。

一个人的品性决定其终身的选择。

你要随风起舞，必须要选择好方向。

有良好的愿望，并非有最好的选择。

成功者的阶梯大都选择在陡峭的山岩上。

两者之间的选择，犹如走钢丝般的艰难。

若是心想歪了，再好的选择也可能是歧途。

我不想过早地表白，是在等待你最后的选择。

有时候选择由不得自己，有时候选择全在于自己。

原则行不通的时候，变通就成了某些人的不二选择。

既然已错过了最佳风景，不能再错过了最好的选择。

有些选择穷其一生的精力，有些选择只需瞬间的工夫。

两阵对垒选择和棋是最好的结果，它避免了两败俱伤。

生者有多种归途可供选择，死者只有一种归途不能选择。

打他人的牌子兜售自己的商品，是因为没有更好的选择。

重复他人走过的路，也许是一条捷径，也许是没有更好的选择。

选择从来不是单通道，你选择最好的，最好的也会对你进行选择。

不要认为你的出发点是对的，就不加选择地踏上人生的旅程。

人生若不能大富大贵，平淡而充实的生活也是一种不错的选择。

不在于你去追索，而在于你去选择什么样的道路，走怎样的人生之路。

如果爱情不能走进你的内心，这说明爱情已经错过了对你的选择。

我选择了你已不再有选择的余地，请你在乎我如同我在乎你一样。

他人走过的路，或许可以成为你前方的一盏灯，但不能代替你的选择。

路是相同的，如何去选择不重要，重要的是要找到路与路之间的连接点。

每一个思路都有可能改变自己的历史，每一次选择都有可能让自己跌入深渊。

思想之鸟在飞翔之前已经选择好了路线，所以在飞翔的时候不用担心偏离方向。

你应当谨记：不是什么人都可以成为你的朋友，也不可以不加选择进入任何人的圈子。

选择要么是最好的，要么是最差的，既不是最好的又不是最差的选择，现在不存在，将来也不存在。

在难与易面前，人们会选择易排斥难。在利益面前，人们会选择利益大的排斥利益小的。在上述情形之下，利我的人无处逃遁。

人生面临两条路的选择：一条是艰难跋涉的路，一条是充满欲望的路。前者是成功之路，后者是危险之路。

如果将选择比作一条轨迹，那么有的选择是一条人生探索之路，有的选择是一条兴趣之路，有的选择是一种从众之路。

梦想

即便弱小的力量，也具有改变自我的梦想。

着迷是梦想者的翅膀。

梦想不论大小，好在可以成真。

梦想在心头放飞，最终要看足下功夫。

在心灵中去养生吧，到梦想中去奔跑吧。

在梦想的推力下，激情在青年人胸中奔涌不息。

人如果能够为梦想而执着，就不惧怕任何风险挑战。

超越时空的梦想，在你思想准备不足的时候进退茫然。

人生的梦想，在生命跳动的每一个脉搏里得到回响。

若是思想的镣铐打不开，你将如何展开梦想的翅膀飞翔。

思想是身体的延伸，行为是思想的延伸，道路是梦想的延伸。

能说出我们心思的是个占卜家，能说出我们梦想的是伟大的预言家。

人们常常不断放大自己的梦想，却因为主观上的种种原因止步在追梦的路上。

成功者的梦想不在豪言壮语里，而在付出的每一滴汗水和足下的每一粒尘土里。

从愿望到达成功的距离十分遥远，只有怀揣梦想毕生为之奋斗的人才能够到达终点。

你不应当怜悯那些只有梦想而无行动的人，你应当怜悯那种只知道将梦想换成金钱地位的人。

也许只有一种声调能够在你心里久久回荡，那就是你曾经夸下的海口，许下的诺言，追逐的梦想。

生命给了我力量，大地给了我舞台，天空给了我梦想，江河给了我奔流，我还需要什么来成就自己？

为什么我一想到梦想就心跳不已，因为梦想的战鼓在心中擂响；为什么我一歌唱就热泪盈眶，因为歌声里饱含着对祖国的深情热爱。

我想要一个春天，上苍给了我一个冬天。我想要一条小溪，上苍给了我一条江河。我想要一座高峰，上苍给了我一座小丘。这个上苍不是什么神仙，而是自己心中的梦想。

行动

思想铸造灵魂，行动见证力量。

语言是苍白的，行动是闪光的。

语言的穿透力要靠行动来证实。

爱需要付出行动，而非说得动听。

无声的行动比高亢的号令更有力量。

再宏大的决心最终要靠行动去证明。

心动是半个证明，行动是全部证明。

行动面前看高矮，得失面前看胸怀。

举手是方向，表达是心声，投足是行动。

不要用语言而是用行动去证明你的决心。

不求回报的行动是一场悄无声息的付出。

语言是心灵的歌唱，文字是行动的表白。

行动是无声的壮语，豪言是不落雨的雷声。

最爱唱高调的人，往往是极少去行动的人。

用行动能证明的，最好不要用语言去阐释。

无论豪言多么震撼，人们关注的只是其行动。

诺言在前，行动在后。浪花在前，奔流在后。

感恩的话最好不要用语言而是用行动表达出来。

越是需要证明的行动，越是让人怀疑它的动机。

行动可以昭示一个人内心的激动，语言则做不到。

生命只有从朝气勃发的行动中才能找到它的价值。

愿望是美好的未来，行动才会收获自己想要的成果。

有些人的高调可以响彻云霄，其行动却如轻风拂面。

某些人的所谓行动，不过是装饰其门面的应景之作。

语言仅仅能够证实一个人的存在，并不能够证实其行动。

用什么能够证明你的保证不是一句空话，也许只有看行动。

憧憬并不能代替其行动，经营好自己的人生比什么都重要。

我们的腿跑不过自己的嘴，我们的行动追不上自己的言语。

我们这个时代不需要震天动地的口号，需要的是脚踏实地的行动。

我们的愿望远远超过我们的能力，我们的言辞远远胜过我们的行动。

夸夸其谈的论调代替不了无声的行动，浅薄的卖弄是对其人品的嘲讽。

下得过早的决心并不能够为后来的行动提供动力，反而会迟滞其行程。

高明的智者不在多言的嘴上表现自己，而是用无声的行动引导他人前行。

若是他们不说出口，或许我们什么也不知道。若是他要行动，我们就知道他要干什么。

有时候用行动在兑现自己的诺言，有时候用行动赎回曾经的过失，有时候用行动在证明自己的存在。

从某些人的言辞里，人们看到的是地动山摇般的决心，但从其行动中，人们看到的却是冷火秋烟的场景。

有人在用心说话，有人在用脑子说话，有人在用眼睛说话，有人在用沉默说话，有人在用喧嚣说话，有人在用行动说话。

挑战篇

付出

要想收获，必先去播种。要想所得，必先去付出。

借口是在回避付出，推卸责任。

付出总是值得的，不论回报与否。

背弃自己的诺言，付出沉重的代价。

第一位付出者也是最后一位受益者。

付出是一种充实，索取是一种掠食。

算计在前，付出在后，看你如何收获？

凡是美好的东西，都会让你付出代价。

付出如同江河奔流，回报则如小溪流淌。

你的付出不多，要求太多，所以你总是失望。

不付出足够的代价，得不到自己想要的东西。

有些人尚未付出，已经在盘算何时收回成本。

播种者并非是受益者，付出者并非是享受者。

得到是对失去的馈赠，获取是对付出的奖赏。

享受他人的馈赠，最终要用自己的付出去偿还。

优雅，就是你的付出没有回报，你依然保持热情。

若是你的付出被他人认可，这是对你最好的犒赏。

人生的付出如同播种，付出的越多，收获的越丰厚。

无论你的胸怀有多宽广，最终要靠你的付出来检验。

付出在眼前看不到任何回报，但天长日久后你会看到。

要想得到所要的东西，必须先付出已经拥有的东西。

人们的愿望往往大于热情，人们的所得往往大于付出。

当一个人不能付出只能索取的时候，与乞丐没有两样。

付出超出回报是一种奉献，获取超出付出是一种贪婪。

夏日的付出在秋日里补偿；冬日的贮备在春日里勃发。

诚心的付出是伴随着情感的生根、开花、结果一齐到来。

对自己苦一点，对他人甜一点。付出多一点，获取少一点。

真正会算账的人，应当是多算自己的付出，少算自己的所得。

付出的人不外乎两个目的：一个是为了个人，一个是为了他人。

有些人将无效的劳动视为功绩，有些人将无私的付出视为奉献。

我的付出像涓涓细流，在汇入大江大河的波涛声中有我的合唱。

没有回响的付出如同折扣的商品，没有收获的播种如同一片荒漠。

人若是深怀一己之利，就会将他人的付出视为自己应获取的报酬。

付出最多的人并未想到回报，付出最少的人总在盘算如何收获果实。

当我们心安理得地去享受某种成果时，不是以付出为荣而是以索取为荣。

如果我们冷静地去观察，某些人的工作热情更像去走秀场而非真心付出。

有这样一种人：他们说的比做的多，沾光比吃亏的多，享受比付出的多。

计较的成本是很高的。计较的往往是鸡毛蒜皮的小事，付出的却是心理上的伤害。

机遇对于成功者来说，仅仅是为其搭了一座便桥，而要到达胜利的彼岸，成功者需要付出无比的艰辛。

我的获取必是我付出的一部分，我的快乐必是我磨难的一部分，我的幸福必是我痛苦的一部分。

你想要的东西，天空大地给不了，日月星辰给不了，江河山峦给不了，唯有你的付出才能给予你。

我们的付出如同向大地播下种子，当种子生根、发芽、开花、结满硕果时，我们的使命便终结了。

有些事你想得很远，可你的能力又达不到。有些事想得很近，能力不是问题，可是你又不愿意付出。

某些人对付出多少的理解，常常带有某种功利性的色彩。他们不敢坦然面对付出，觉得付出多了是吃亏而非一种享受。

在不看重感情的时候，付出再多的感情他人不会领情。在看重感情的时候，付出极少感情的时候也会令他人感激不已。

如果我们将知了的叫声视为昆虫与动物的绝唱，那么我们如何去面对奔腾咆哮的江河。如果我们只知道接受爱而不去付出爱，那么我们就不能走进真正的爱河。

强者

戏场上不缺少角色，人生场上不缺少强者。

帮弱者是在强自身。

弱者不夺志，强者不妄为。

强者游戏，受伤的总是弱者。

善待弱者是强者的良知之所在。

强者在虚幻中不会成长为伟大。

居安思危，可以从容击退任何挑战。

溢美之词常常是弱者献给强者的见面礼。

弱者给人的惊喜不亚于强者给人的震撼。

赛道上跑的都是强者，最后取胜的是智者。

真正的强者，不是冲锋在前而是谋略在前。

耐心是最高的修行，自控是对强者的认同。

对幼小生命的呵护，乃是一个强者的责任。

强者的催眠曲不过是让弱者自行解除武装。

在弱者面前不可强势，在强者面前不可畏首。

与强者掰手腕胜者更强，与弱者掰手腕胜者并非强。

弱小的人不在强者面前以卵击石，或许更为明智些。

不懂进退的人，他可能是个勇者，但不会成为一个强者。

貌似强大的人其实很虚弱，在真正的强者面前不堪一击。

有些人时常对弱者发出怜悯之言辞，却未见有任何之举动。

强者的信条——实力就是一切，弱者的信条——生存就是一切。

强者若是褪去了豪言的外衣，裸露的将是一具褴褛的躯体。

一个强者并不意味着理性，一个弱者并不意味着丧失信心。

与弱者开战，强者最重要的是要找到弱者背后的那个主谋。

能够认识自己身上的优劣，发挥自身的潜能，是真正的强者。

懦弱并非先天性的疾病，而是后天强加在弱者身上的一种枷锁。

没有陋习的人，可能是个规矩的老实人，但不会成为强者或智者。

氛围的感染常常可以让弱者的欲望膨胀，让强者的欲望充分施放。

强者的欲望是在其奋斗的汗水里，弱者的欲望是在其观望的表情里。

有些强者排斥弱者，这非强者所为。真正的强者是乐于与弱者为伍的。

豪言从平常人嘴里喊出来是一种雄心，从强者嘴里喊出来是一种征服。

人世间有被挫折与失败吓倒的懦弱者，也有不惧怕挫折与失败的勇敢者。

最强者与最弱小者的不同之处，一个是生命的发端，一个是生命的延续。

我们怜悯弱者并不是因为我们富有同情心，而是不让他人感觉自己强势夺人。

风平浪静中长大的人做不了人生的强者，只有经历过狂风暴雨的洗礼才会成为人生的勇者。

压力有时来自现实的困难，有时来自思想的纠结，有时来自同行的竞争，有时来自弱者的超越。

你若是弱者，你就到他人的世界里去找避风港。你若是强者，你就在自己的世界里去建造宫殿。

如果没有丑陋的存在，美丽就不会享受那么多的荣耀。如果没有弱小者的存在，强者就不能顶天立地。

在他人弱小的时候，你是位强者；在他人强大的时候，你还是位强者。这样的强者才是当之无愧的强者。

向弱者示强，不过是自以为有实力的人自我陶醉的一种演示，并不能给他带来震撼的效果反而令人鄙视。

假如你乐于做一个强者，你的生命里始终吹响着前进的号角。假如你甘于当一个弱者，你的生命就如一片沉寂的海洋。

世上一切事物都不是完美的。宝石虽耀眼但不经过加工也有瑕疵。人亦如此，不论强者或弱者自身都有这样或那样的缺点。

波浪风险太大，我不具有冒险精神，我做不了波浪。水珠力量弱小，不是一个挑战者，我胆小守成，就让我去做一滴水珠吧。

我曾经高看自己，认为自己是女人心目中最好的男人。我也自恃有力量，认为自己是世上最强大的人。可是后来我成了女人心中厌恶的人，变成了弱者鄙视的人。

能力

能力不等同于成功，但能力可以成为成功的必要条件。

自控力的效力远在约束力之上。

不动声色的力量是可怕的力量。

一个有才华的人永远不会失业。

想象力是引爆创造力的燎原之火。

在多个点上发力，不如在一个点上发力。

人们看重他人的外表甚于看重其才华。

口气大并非有实力，胆量小并非无力量。

从某种程度上讲，压力是动力的另一种源泉。

潜移默化的东西，常常成为推动你朝前走的力量。

我们没有力量改变世界，至少应该有能力改变自己。

任何美好的规划，都应当与自己的实际能力相匹配。

不相信他人的实力，必将会过高地估量自己的能力。

大堂上声嘶力竭的高论与街头小贩的吆喝并无两样。

想象的翅膀看上去十分美丽，但缺少飞翔蓝天的能力。

有些人没有能力去做大事，却对身边的小事不屑一顾。

渴望触动的爆发力，常常因为后劲的不足而戛然而止。

一个人的耐心，常常可以显示出比能力更为强大的力量。

从一件事情的拿捏程度中可以折射出一个人的心理承受能力。

平静的心沉淀的是人的睿智，狂躁的人颠覆人的认知能力。

假如飞翔仅仅处于一种状态，谈论视觉的冲击力有何意义？

说到人前先要做到人前，站得比他人高才能比他人看得远。

只有一种愿望是不可能的，那就是你的愿望与你的能力不匹配。

有些人喜爱夸耀自己的本事，却很少为自己的能力低下而羞愧。

强大的支配能力，是与自身能力和对事物的掌控力密不可分的。

对分寸的把握，不取决于一个人的能力而取决于一个人的智慧。

即使你站在比他人高的地方，也不应当小看他人有超越你的能力。

主角与配角的移位，常常不是出于人的本能，而是出于人的能力。

人的判断力，不是来自他思维的能力，而是来自其思想的支配力。

常常将事情本末倒置，不是人的能力问题，而是人的思维问题。

有些人对自己的期望值在不停地增长，可自己的行为能力不见长。

想不开的人是心里想得太多，扛不住压力的人是思想的承受能力不足。

我只有一滴水的能力，却让我释放一桶水的功效，这不是强人所难吗？

有些人的思想就像紧闭的窗户，要了解它，首先要有能力打开这扇窗户。

人们总想将最好的一面展示给他人，可因为自身的能力不足而不能如愿。

一个人的存在感，不是显示出其能力及成就，而是显示出其人格及风采。

玉材经过反复打磨才能变成宝石，不经过打磨的玉材只能是玉材而非宝石。

当人们有能力帮助他人的时候，往往将对他人的帮助视为一种同情而非责任。

不管我怎么去做，你可能都不会满意，因为你的要求已经远远超过了我的能力。

我知道自己在你心中的形象一天天在坍塌，我何曾不想有力挽狂澜于既倒的能力。

当某个人有能力馈赠他人时，人们极容易发现馈赠者身上的某些趾高气扬和傲慢。

你有才干，有吃苦精神，却缺少胸怀，所以，你只能做一个勤奋者，做不了创造者。

一个人的行事风格，不仅可以看出其能力的大小，还可以从中窥见其品性的某些特征。

自负的人从来不会怀疑自己的能力，即使在某些事情面前他是一个门外汉，亦是如此。

压力在正常情况下不会转化为动力，只有在不甘于失败者面前才会转化为强劲的动力。

你欣赏的东西他人在欣赏，你厌恶的东西他人也在厌恶，你的认知能力不会超过多数人。

在梦幻的世界里你收获的是自我欣赏的能力，在现实的世界里你收获的是驾驭生命的能力。

当欲望大于能力时，我们被沉重负载压得喘不过气来，不能前进。当欲望小于能力时，我们轻车简从快速前行。

从本质上讲，每个人都具有改变自我的能力，由于受性格、环境及时空的某些限制，一些人的潜能受到极大的制约。

从理智中得到的东西在风浪面前不会失去，它有抗击风浪的能力。从鲜花和掌声中得到的东西极其脆弱，容易被风浪夺走。

深埋在地下的金子，在未被发现之前谁也不知道它的价值。人亦如此，一个有才华的人，在没有认识他之前不知道他有多大的能量。

蝴蝶飞过之后，人们不知道它要到哪里去，它要去干什么。蜜蜂飞过之后，从它羽翅的嗡嗡声中，明确无误地告诉人们，蜜蜂要飞向下一株花丛采蜜。

舞台

舞台上有主配角之分，人生场上有强弱之分。

人生不缺少舞台，缺少的是雄心与恒心。

气场是演技者的舞台。

场面上搭建的舞台，并非适合每个人上台去表演。

造势者既在给自己搭建舞台，同时也在为自己掘坟墓。

只有自己有实力，才有可能与他人站在同一舞台比高低。

大地是天空永不落幕的舞台，天空是唱给大地永恒的歌。

舞台的大小不取决于角色的大小，角色的大小决定舞台的大小。

天空是鸟的舞台，江河是鱼的舞台，大地、天空、海洋是人类的舞台。

偌大的舞台盛不下一颗小小的心，狭窄的缝隙之间顽强地长着倔强的植物。

人们通常能够在一个适合自己且熟悉的舞台上大显身手，而登上陌生的舞台则丑态百出。

舞台是自己搭建的，剧情是自己编排的，能否有好的演出效果，不取决于观众的捧场而取决于自己的演技。

努力篇

勤奋

唯有勤奋，才有可能改自己的命运。

突然产生的爆发力，是积攒了许久的力量。

正确的方向只有一个，那就是勤奋。

理想点亮心头之灯，勤奋拓展人生之路。

超越他人的唯一途径，除了勤奋还是勤奋。

人生的两大支撑：一是信仰，二是勤奋。

勤奋造就天才，善良造就博爱，自私造就邪恶。

姿态决定人生的选择，勤奋决定人生的价值。

勤奋是通向成功的唯一道路，聪明并不等同于成功。

勤奋是在增加人生的高度，懒惰是在降低人生的高度。

上苍偏爱勤奋者，是因为勤奋者的行为没有让上苍失望。

一个人的脸面不是来自财富，而是来自勤奋和良好的品性。

在勤奋者眼里时间是吝啬的，在无所事事者眼里时间是大方的。

平静的时光不会辜负每一位勤奋的人，只会让懒惰的人一无所获。

岁月会乐意去为一位勤奋者证明，而羞于去为一位懒惰者证明。

我不敢断言，勤奋的人有改变世界的抱负。但我可以肯定地说，勤奋的人有改变自我的宏愿。

习惯

好习惯成为人生的良师益友，坏习惯成为人生的坟墓。

好习惯亮丽一生，坏习惯邋遢一生。

改变生活习惯容易，改变思维定式不易。

孤独是天才的一种习惯。

智慧可以改变习惯，勇气做不到。

习惯于自我的小天地，难以走进外界的大天地。

机遇可以改变一个人的命运，但难以改变一个人的习惯。

有些人有着惊人的胆量，业绩辉煌，但在习惯面前是个顺从者。

某些人习惯于从昨日的时光里寻找慰藉，以求解脱眼前的困境。

我们不只是在奔跑，我们还在爬坡。从习惯到风尚还有很长一段路要走。

若是空洞的语言成为某个人的表达习惯，那就不是思维问题而是品德问题。

有的人习惯戴着有色眼镜看待他人，却不习惯他人用同样的方式看待自己。

一个习惯于高调的人永远不会低调，就像喧嚣的江河不会倒退到静静流淌的小溪。

某些人习惯于向他人夸耀成绩，常常不是证明自己的能力，而是为了不让他人看低自己。

人们很容易从一种方式转变为另一种生活方式，不大可能从一种习惯转变为另一种习惯。

一个谎话连篇的人，真理是否可以改变你的思维习惯？一颗飘浮的心，是否应当依高贵的灵魂？

习惯于生活在黑暗中的动物对于满月充满了恐惧，对于花前月下的恋人满月是极佳的风情，因为月光照亮了彼此的心。

今天

1

今天的努力，决定明天的高度。

人生命运的改变，始于今天的行动。

明天是个未知数，今天离自己更近。

昨天为今天铺路，今天为明天架桥。

不要让今天的懈怠成为你明天的遗憾。

所有成功的今天，都经历了磨难的昨天。

不留恋过去才会看重今天。

昨日已经远去，今天正在路上。

最好的过去，不如今天的努力。

昨天的感觉不会在今天重复出现。

今天的磨难是在为明天的成功买单。

做好今天的事比谋划明天的事更为重要。

昨天是今天的老师，明天是今天的预言家。

有人留恋过去，是因为今天过得不顺遂。

昨天的爱已经远离，今天的爱尚在路上。

昨天的富有让今天贫乏的你变得回味无穷。

每一个辉煌的今天，都有一个失望的过去。

炫耀你的过去，会让你今天的努力黯然失色。

曾经失去的年华，应当用今天的努力赎回来。

在今天神州的大地上，不缺少仰望星空的人。

不要为了今天的消费，而去预支未来的财富。

一切美好的过去，都会成为你今天成功的铺垫。

有些人通过向明天举债，以解今天的燃眉之急。

生活是诗，它唱出了幸福的今天和美好的未来。

纵然你有回天的力量，再好的过去也回不到今天。

有些人陶醉于过去，不过是在掩饰今天的某种窘境。

预判未来是个哲学问题，做好今天才是最现实的问题。

今天人们研究的是现实之痛，哲学研究的是未来之痛。

青年人所说的明天是未来，老年人所说的明天是今天。

无论一个人今天多成功，都不能忘记曾经艰难的起步。

有些人还沉醉在昨天的故事里，他今天的故事尚未开始。

可以扪心自问，今天的努力是否配得上曾经许下的诺言。

不论愿望有多美好，今天的努力与所达到的目标仍有距离。

不要吝惜今天的付出，所有的付出都将滋润你未来的成长。

2

昨日的黄花不会在今天绽放，昨日的机会不会留给今天的你。

过往的辉煌不会是永久的桂冠，今天的成就才有可能尊享荣耀。

我今天显示出不曾有过的能量，我想知道它的源泉是来自哪里。

未来的方案解决不了现实中的问题，今天的方案也未必适用明天。

今天，我终于可以迎接你的到来，可是为了这一天我等待了许久。

今天的努力在为明天的人生买单，今天的播种在为明天的收获做铺垫。

生活永远是鲜活生动的，你应当钟情多彩的今天，向往美好的明天。

即使预测不准未来，至少也应当把握好现在。今天过得好，明天会更好。

如果不懂得感恩，那么你今天所做的一切都成了无源之水、无本之木。

今天付出的每一滴汗水，在未来的日子里都会感受到它曾有过的气息。

过去的辉煌不能证明今天的表现，今天的表现同样不能证明未来的前景。

一个人很在意他的过去，一定很看重他的未来，更不会放弃今天的努力。

我不会为了今天的荣耀而掩饰昨日的落魄，也许唯有如此才显得真实可信。

辉煌的过去丝毫不能代替现实的努力，未来的憧憬须建立在今天的努力之上。

我从来没有像今天这样犹豫过，因为生命正处在十字路口，面临着怎样去选择。

有些人向明天举债以满足今天的奢侈，有些人在今天积累财富以应对明天的困境。

只要你的愿望是可期的，春天播下种子，秋天收获果实。今天一小步，明天一大步。

有些人回顾历史的闪光点，不是为了重塑今天，而是试图从中得到其精神上的某种慰藉。

不要担心付出没有回应，在一个地方付出的会在另一个地方补偿回来，今天付出的明天会补偿回来。

时间是湍急的河流，今天发生的事情若不去留心，随时会被河水卷走。明天在同一条河流上很难重新发现它。

我们中的一些人扮演不同的角色，而这种角色却是可以相互转换的。今天的不可一世者明天或许是偃旗息鼓者，今天的弱不禁风者明天或许成为独步天下者。角色的转换中有某种必然性也有某种机缘。

我们是生命的一分子，生命给予了我们不同的角色，给予了我们不同的脸谱，给予了我们荣誉，也给予了我们惩罚；给予了我们痛苦，也给予了我们幸福；给予了我们充实的今天，也将会给予希望的未来。

努力

1

任何时间去努力，都不算晚。

成长是瞬间，努力是一辈子。

风向并非你努力的方向。

任何努力的结果会成为你的强项。

风险意味着机遇，担当意味着责任。

过往不再回首，前行更须努力。

人的命运，七分努力，三分注定。

自己不努力，被他人淘汰是早晚的事。

空洞的说教比偏离方向的努力更有害。

如果自己不努力，别人想帮你也帮不上。

如果你真的肯努力，苍天也会为你开颜。

有些人对机遇的迷恋远胜于自身的努力。

一步之遥的付出，不亚于千里之行的努力。

书写好人生结果，关键取决于自身的努力。

命运在很大程度上靠自身的努力而非机遇。

任何一种可能都建立在远见卓识的努力之上。

努力不在于早晚，现在努力就是成功的开端。

对先天的过于期待，让后天的努力丧失殆尽。

岁月并不看好你的决心，而是认可你的努力。

再近的目标，也需要一步步去努力才能够到达。

没有一种愿望不是通过艰辛的努力才得以实现的。

即使没有能力超越他人，也不应当放弃自己的努力。

不应当将生活中的一时磨难视为放弃努力的理由。

多数人的失败，是在最后一分钟放弃了自己的努力。

若是自己不付出努力，永远也不会得到自己想要的结果。

他人给不了你尊严，只有通过自己的努力才可以得到它。

看似接近目标，如果不再继续努力，成功同样十分遥远。

决心大并非努力做大事的人，决心小并非做小事的人。

当你的实力不足以撑起雄心时，不妨先静下心来练好内功。

2

在人生前行的路途中，任何懈怠都会让你的努力前功尽弃。

人生中最经得起检验的不是梦想和决心，而是付出与努力。

人生没有现成的答案，只有通过自身的努力才可以找到答案。

生命力的强大与弱小，不取决于天赋，而取决于后天的努力。

一个人的品性决定其言行，一个人的信仰决定其努力的方向。

在一个地方失去的东西，只有经过努力才可以重新找回来。

我们常常抱怨生活不公，很少思考去努力改变自身生活的窘境。

某些人时常为自己的未来担忧，却鲜有为改变现实的困境而努力。

人与人之间的不同结局，不在于各自的初衷，而在于后天的努力。

起点相同并不能保证最终站在同样的高度，这要取决于你的努力。

无论你怎样渴望成功，你最终的努力会给予你想要或不想要的答案。

伟大的梦想始于每一滴汗珠，每一个脚印，每一个小小的努力之中。

他人帮助你顶多为你撑起一把伞，自我努力才可以为自己撑起一片天。

要让他人信服和认可，主要依赖自身的努力，而非寄希望于他人的助力。

居高临下的气势是一种既有的优势，仰望星空的努力是一种后发的优势。

假如一个人追求过多的东西，又不付出相匹配的努力，最终什么也得不到。

每一个言行是人生的一幅自画像，每一条行进的路线都在验证人生的努力。

你想要的现在没有，将来或许会有，但你要有持之以恒的努力与足够的耐心。

当人们认为自己无能力放弃对一件事情的努力时，也丧失了一次极佳的成功机会。

梦想确实诱人，如若不去努力将梦想变为现实，其梦想只能是水中月、镜中花。

不要将他人的指点当作改变困境的灵丹妙药，个人主见与主观努力至关重要。

任何一种幻想都不能成就你的人生，只有锲而不舍的努力，才能实现人生的目标。

无论你的梦想多么美丽，如果自己不脚踏实地去努力，那么你的梦想只能是幻想。

如果兴趣可以代替努力的话，那么坐而论道的人是否可以轻易地摘取天上的星星？

在我看来，先天不足不是前行者的一种拖累，而是逼迫前行者奋起努力的后发优势。

3

人并非生下来都比他人高一截，而是后天的努力或是止步不前才拉开了之间的距离。

假如有情有义，不用说出口，让我去感受你的善意，并且愿意为你付出同样的努力。

明确的目标你看得清楚，经过努力也可以实现。渺茫的目标你看不清楚，也难以实现。

有的人穷困潦倒是遭遇人生重大变故所致，有的人穷困潦倒纯属自身努力不够所致。

有些人心大志远却不愿意付出艰辛的努力，所以常常失望。有些人专注于微不足道的小事，却很快乐。

世界是慈祥的母亲，它不会因为儿女的失落而弃之不管。世界又是严父，它在不断鞭策其儿女努力前行。

无论你的天赋如何有优势，如果不能将这种天赋转化为你的不懈努力，你依然不会获得人生的成功。

不要太看重机遇的作用，任何一次人生的超越都不是一件轻而易举的事，都需要自己付出非同凡响的努力。

我从未放弃自己的努力，我一直在人生的田野里静心地耕耘。到了金色的秋天，我看见了即将收获的果实。

有的人实力强盛追逐多个目标，最终一个目标也未实现。有的人实力不强只盯住一个目标努力，最终获得了成功。

仅仅有良好的愿望而无实际行动，实现不了你所要的一切。只有通过自己不懈的努力，才可能得到你想要的一切。

相信每一次努力都会有结果，每一次付出都会有回报，每一个善举都会让他人感受温暖，每一次播种都会有收获。

梦想与成功之间有很长一段距离，并非每个人都可以轻易到达。为了缩短这段距离，有的人付出了一生的努力甚至生命。

人生并非交一次学费就可以毕业的，有的人经过几年、十几年，甚至几十年的努力，交了多次学费，仍未能达到毕业的门槛。

不要以为你站在高山之上就可以藐视一切，藐视他人的开始也是你失落的开始。不要以为你处在人生的低谷就可以放弃自己的努力，努力的开始也是你成功的开始。

你应当感谢那位撤走梯子的人，不应当感谢给你梯子的人。后者让你省去攀登的气力，但难以达到顶点。前者让你丢掉幻想，依靠个人的努力奋力攀登，最终走向光辉的顶点。

理想主义者认为机遇决定一切，乐观主义者认为幸福决定一切，悲观主义者认为上帝决定一切。我既不是理想主义者，也不是乐观主义者，更不是悲观主义者，我只相信自己的努力。

第二辑

学习·思考·智慧

　　思想是心灵的钥匙。思想的深度往往决定人生的高度。思想之花只有深深扎根于人生沃土，才能绽放得更加美丽。一个人的影响力，不在于其实力而在于其思想与智慧。思想之光是永恒的，它是心灵之灯，智慧之母，是照亮人生前行的光明之塔。

学习篇

学习

学习成功的秘诀是，在学习之后找到了自己的不足。

学习是在接受帮助，拒绝学习是在拒绝帮助。

世上最聪明的人，是善于学习他人长处的人。

聪明人善于学习他人的长处，愚蠢的人拒绝他人的长处。

动物的反刍是将食物深度消化，深入学习是对知识的反刍。

只有行动方能感受自己活力无限，只有学习方能感受到知识肤浅。

学习让我一生充满了人生的动力，思考让我一生充满了应对各种风险的智慧。

读书

读书是最好的人生旅行。读书也是一种修行。

读书让人心情愉悦，思考让人认识深刻，书写让人思想流畅。

可以向知识的高峰攀登，也可以心平气和地与书中的精灵交心、谈心。

与其说读书打开了思想的一扇窗户，不如说从书中找到了一条人生通达的路径。

在向知识高峰攀登的征途中，既有远大抱负者，又有平庸者。前者捷足先登，后者离目标遥遥无期。

读书的过程是心灵放飞的过程，是修身养性的过程，是实现人生宏大目标的过程。

读书是一种心灵的放飞，可以无拘无束地在知识的海洋里畅游，可以行走在知识的曲径通幽处。一个读书很少的人，对衣食住行的经验远胜于学富五车的人。

视野

胸怀决定人的视野，目标决定人的力量。

视野是自己的天空，立足点是自己的世界。

视野里的一切景致，都反射在心灵的明镜之中。

视野在放大的自我中，越过千沟万壑瞄向更加广阔的海洋。

视野里可以容纳天空、大地、海洋，可面前的路不知道从哪里下足。

心灵感知的东西往往不在你的视野里。

对得与失的褒奖，取决于褒奖者的胸怀及视野。

好习惯养成从点滴做起，视野从走出自我开始变大。

内心感受深刻的东西，比视野里欣赏到的东西更为珍贵。

从自我的视野里去寻找人生之路，那不会是一条理想之路。

想象力可以扩大一个人的视野，但不能代替一个人的努力。

在强者的视野里天地逐渐变大，在弱者的视野里天地逐渐变小。

一个人的前途在自己的视野里，一个人的担当在自己的汗水里。

不要从虚幻中去找你的世界，世界在你的视野里，在你的足下。

假如我的视野里没有江河，我又该如何去解释大海的宽阔与深邃呢？

有价值的东西在某些人的视野之外，无价值的东西成为某些人的新宠。

有什么样的视野就有什么样的人生选择，有什么样的渴望就有什么样的追求。

当你的梦想尚不足以放大视野时，你应当暂时放下梦想静心地去面对现实。

有些人的追逐总是赶不上自己的欲望，有些人在前行中不断放大自己的视野。

角色的转换常常伴随着力量对比，场景变动，视野远近，胸襟宽窄而不断切换。

我的渴望犹如自己视野里的一湖春水，它只有在风平浪静的时候才显露出碧水之深。

一个人的视野，不是表现在处理具体问题的能力上，而是表现在对重要事情的把控能力上。

知识

1

世界上唯一不会贬值的是知识。

思想的流淌源自知识的溪流。

思想的锋芒有赖于知识的沉淀。

思想的自由奔放源自知识的厚积薄发。

思想的精深在于知识的沉淀与道德的高雅。

谈吐是一个人知识与气度的展示。

知识越多越升值，欲望越强越贬值。

知识的蓄水池蓄得越满，人生的路走得越宽广。

知识叩开命运的大门，信仰照亮人生前行的道路。

知识在沉淀中显示力量，思想在迸发时产生火花。

知识可以改变人生的轨迹，信仰可以改变人生的命运。

知识是人生的本钱，获取的本钱越多，人生的能量越大。

知识亲近的是与它有情感的人，知识远离的是对它排斥的人。

知识为我插上翅膀，信仰为我点燃梦想，我在人生的天空飞翔。

知识是最好的催化剂，它使人生的每一个细胞被激活和释放出来。

知识是不动声色的财富，它看不见，摸不着，但可以深切地感受到它的存在。

知识不是某种填充物，它是生命、力量、智慧及前途不可或缺的一部分。

知识之光何止是点亮心中的明灯，它的能量经年累月，无穷无尽。

知识与行为对一个人的影响，有的可以用肉眼看到，有的则在潜移默化之中。

人生的活力之源，不是来自美好的愿望，而是来自知识的厚度。

人生的底气，一是来自知识，二是来自勤奋。

人生在知识中放大自己，在梦想里放飞自己。

2

心灵的自由奔放源自知识的一江春水。

没有知识的修剪，只会开花不会结果。

绽放在知识沃土里的人生之花经久不谢。

有知识的人有礼貌，有教养的人有涵养。

沾满泥土的足迹与装满知识的头脑一样高贵。

人们的品性通常不是来自知识，而是来自修养。

沉淀的知识，何时能够在你的人生旅途中一展身手？

真理在知识的沉淀里，不在大庭广众的高谈阔论里。

让知识去开启你的心智，让理想之光去照亮你的人生之路。

营养的缺失造成身体的虚弱，知识的缺乏导致人生暗淡无光。

如果知识不在你的心底沉淀，你如何知晓大海的广阔与深邃？

江河汇入大海才能显示它的深度，人生用知识与汗水垒起其高度。

生活教会了我们许多知识，可我们并不知道如何将知识变成财富。

有些人有行动无思想，有些人有思想无知识，有些人有头脑无灵魂。

我的欢欣来自那大山背后的小溪，我的飞翔来自那知识缔造的翅膀。

你应当充满激情地生活在知识的海洋里，不应当苟活在孤僻的阴影里。

越是有知识的人越有独到的见解，越是有能力的人越有博大的胸怀。

诗人钟情于浪漫，作家精于构思，思想之神在为知识的贫乏者而羞愧。

潜移默化的知识，你看不见它，它却无时无刻不在影响着我们的人生。

在时间的长河里，人生的小船只有借助知识的风帆才可以乘风破浪前进。

沉淀的知识渗透生命的每一个细胞，使人生这棵大树枝繁叶茂，高大健硕。

无论你多么想表现自己，由于知识的肤浅与付出的不足让你的努力变得力不从心。

会思考的人不是从已有的知识中，而是从自身的挫折与失败中找到更富有营养的东西。

人生的变化都是从婴儿的摇篮开始的，人生的发力是在知识注入大脑后发生的。

人生是一个充满魅力的世界，如果我们一直保持好奇心，坚守定力，勤奋好学，我们学到的知识会越来越多，我们前行的路会越走越宽广。

智慧篇

智慧

理智是智慧的最高表现。

让智慧的良药去治愈愚昧的顽症吧。

主张的背后常常站着一个智慧的高人。

拾遗补阙的事，智者比愚者看得更远，想得更深。

下注多少，不取决于你的智慧，而取决于你的实力。

思路善变，不是因为其智力超人，而是心智乏力所致。

一个高贵者的尊荣，在智者眼里不过是廉价的遮羞布。

将复杂的事情变简单是智者，将简单的事情变复杂是愚者。

所谓的智者，不过是比他人多读了几本书，多走了几段曲折的路。

文字不是其个人的传声筒，它是开在人大脑里的一朵智慧之花。

智者的思维像一条宽广的大道，愚者的思维像一条狭窄的小路。

偏见常常以智者的面孔出现，它给人的伤害比致命的伤痛还要严重。

势均力敌的较量，智者赢得胜利的概率为百分之百，勇者赢得胜利的概率为百分之零。

以量取胜的时代已被以质取胜的时代取代，以强称雄的时代已经被以智取胜的时代取代。

思考

思考是智慧之母。

思考是沉默的最高形式。

思考是感知世界便捷的通道。

思考让人成熟，理智让人目光敏锐。

思考在过滤每一个细节，让结论诞生在最后一刻。

在跌宕起伏的人生中，有什么比独立思考更为重要？

一个不会思考的大脑，如同一处沙漠，毫无生机可言。

认识总是过早地下结论，而思考在最后时刻才表达意见。

有些话说透让大家心里有数，有些话说个大概给大家留下思考的空间。

思考是飞向天空的鸟，是江河航船上的风帆。思考是足下拓展的一条崭新的路。

真理不怕与谎言为伍。

需要解释的真理是半个真理。

真理是朴实无华的，容不得粉饰和无限拔高。

真理在坦陈面对它的崇拜者，谎言在骗取它的臣服者。

真理褪去外衣依然光彩夺目，谬误脱掉外衣不堪入目。

敢于面对真理的，不一定是真理，但绝非是虚假。

虚假的身体穿上真理的衣裳，丝毫看不到真理的风范。

传得很远的话并非真理，走进心窝子的话才是良言。

人们偏爱光鲜照人的真理，对蓬头垢面的真理不屑一顾。

有的人对真理的传播并不热心，而对谬论的传播推波助澜。

如果真理不在我的头脑里，我该用什么去区分正确与谬误呢?

如果人们能够轻而易举地揭示真理，真理就不会那么神圣庄严了。

如果真理不能够成为你心中的灯塔，那么谬误就会在你心里安营扎寨。

真理看起来不苟言笑，它比貌似和善的谎言更有亲和力，更具有力量。

离真理最近的人并非真理的尊崇者，离真理最远的人并非真理的叛逆者。

廉价的谎言在有些人眼里被视为真理而热衷追捧，闪光的真理在有些人眼里被鄙薄得不值分文。

思想

1

思想是心灵的钥匙。

思想若不能交流，便会枯萎。

思想的关隘，堪比江河的险阻。

思想以它长硬的翅膀飞翔起来，直达天穹。

思想的暴戾比行为的鲁莽更有害。

思想的窠臼是一把打不开的锈锁。

思想是闪光的，行为总是黯然失色。

思想的困局比自然界的困局更难破解。

思想的盲点之处往往是人生的弱点之处。

思想在收获果实，而不是刚刚去播种。

思想的深度往往决定人生的高度。

思想对人生的滋养比任何养料都丰富。

思想模糊的地界，是人生灰色的地带。

思想在人生的裂变中一次次得到升华。

思想是灵魂之母，它昭示着人生的未来。

思想的快闪永远不能够校正人生的坐标。

思想的路打通了，人生的路顺畅了。

思想的过滤，是在淘汰渣滓保留其精华。

思想不来电，你如何去点亮心中的灯盏。

思想的收放自由，来自对信念的坚定不移。

思想脆弱导致行为迷茫，心胸狭窄导致眼光短视。

思想的狭隘，常常导致对其观察对象认知的扭曲。

思想是从认识的高度向未知的高度迈出的一大步。

思想若是不能自由奔放，其僵化程度莫过于固体材料。

思想重复并非毫无意义，它是在弥补灵魂的某种缺陷。

思想的不连贯常常导致其表达的本意离现实十分遥远。

思想是生命之泉，它激活了人生奔流，形成磅礴力量。

思想风暴吹落的是旧时代的枯叶，展现给大地的是新时代的曙光。

思想的洞穴里存放陈年老酒，若是要品尝老酒的醇香，你须走进洞穴里。

2

思想之魂是人生之基，进取之心是生命奔放的源泉。

思想之花只有深深扎根于人生沃土，才能绽放得更加美丽。

思想之母给予你实现人生价值的勇气，也赋予你引领人生前行的能力。

思想之光是永恒的，它是心灵之灯、智慧之母，是照亮人生前行的光明之塔。

心灵的紊乱导致思想的千疮百孔。

心灵的自由奔放，源自思想的一江春水。

心灵总在为思想歌唱，行为总在为诺言表白。

能够用心灵感受的东西，不要用空洞的思想去揣摩。

纠结是思想的一道软伤。

目光短浅源自思想的不给力。

成见是思想深处开挖的鸿沟。

裂变就在思想闪光的那一刻发生。

脸面的精致不如思想的精致耀眼。

方向的迷失，大都缺乏思想的深度。

最浅显的文字里蕴含着闪耀的思想。

沉默为诉说铺垫，思想为心灵放歌。

认识在飞翔，思想在唱歌，探索在伴奏。

长久不变的思想，成为自我囚禁的牢笼。

语言是嘹亮的歌唱，思想是飞翔的音乐。

心之琴期待着思想之弦奏响优美动听的曲子。

空洞的说教无助于解惑释疑，反而令思想更加纠结。

放大思想的功效，是在放大人生的境界。

当灵魂处在人生衰退之时，思想是第一个感知者。

梦幻的思想之舵并不能驾驭云雾似的人生之舟。

驾驭思想的技巧是否应当高过驾驭文字的技巧？

人心是一个小世界，思想是一个被放大了的世界。

是否可以以自己思想的深度比肩他人站立的高度？

自责是在强化思想武装，卸责是在逃离思想阵地。

只有大悟大彻的人，才能够感受到思想的穿透力。

相比较而言，思想的疾病比身体的疾病更难以治疗。

所谓的高人指点，不过是为你打开了一扇思想的窗户。

洞察力很大程度上来自思想的睿智，而非行为的敏感。

3

一个人的影响力，不在于其实力而在于其思想与智慧。

人的活力，一是来自思想的营养，一是来自运动的机能。

一个人没有思想就等于死亡，一个民族没有文化就等于没有灵魂。

有的人用他人的话来强化自己的主张，我只会用自己的行为来表达我的思想。

思想的推力，仅凭肉眼看不到，其内心可以感受到。

一旦思想的闸门被打开，其奔流的气势是会令人惊叹的。

深邃的思想在任何环境下都能够建立起强大的支撑点。

缄默不语的思想里，浸润着辛劳者的泪水、胜利者的欢歌。

试想一个思想飘忽不定的人，他的那份虔诚有几分是真的。

脑子里装满了太多的杂质，还会有心去表达正确的思想么？

水不经过沉淀不会清澈，思想不经过沉淀过滤不会纯洁清新。

话语的分量不在话语的多少，话语的轻重而在于所表达的思想。

语境的深浅取决于思想的深浅，江河的宽窄不取决于水的深浅。

不是智力的问题，而是思想的差异，让其说的与做的相距甚远。

身体有缺陷，心理不能有缺陷。路上有障碍，思想不能有障碍。

风险常常不是来自情况的捉摸不定，而是来自思想的飘忽不定。

空洞的理论带有浮夸的特征，而浅显的道理包含着伟大的思想。

当思想的涟漪搅乱了我内心的沉寂时，我的心之湖也变得沸腾起来。

有时将自己置于危险的境地，不是他人使阴招，而是自己思想的固化。

深沉的人嘴边的话不会袒露思想，浅薄的人一句半句话将意图暴露无遗。

你的思想藏得太深了，我能够看到的是你头顶的云彩，看不到你心中的太阳。

沉静而深邃的思想，不惧任何环境的裹胁，在纷纭的世界里有自己独立的判断。

头脑的风暴吹落的是思想深处的枯枝败叶，让心灵的净土生长出生机勃勃的幼苗。

用才思敏捷去表述一个人的谈吐是不恰当的，思想之泉往往会随着激情迸发而奔放。

船弯在哪里，思想在哪里卡壳，道路中断在哪里，这不是一个凭直觉可以回答的问题。

听信他人的谗言，容易伤害好人。听信他人的忠告，很容易找到治愈思想与身体的病根。

智慧就像一个清洁工，在你思想无序的时候为你保持清洁，让思想永远处于良好有序状态。

是什么样的思想可以装点自己的灵魂，是什么样的力量可以成就自己的人生？

是什么样的思想点燃心中的激情，是什么样的理智抑止贪婪的欲望？我需要有一个清晰的答案。

没有思想上的清醒，难以有人格上的独立。在人生的旅行中，任何懈怠都有可能终止你的行程。

有的人在思想的隧道里冥思苦想怎样才能见到成功的一线曙光，有的人已经站立在时代的潮头博弈正酣。

思想单纯常常被某些人视为不够成熟，在我看来，思想单纯是一种正能量，它少了许多功利及对名利的欲望。

我想触摸自己的思想，触摸到最深沉的那一层。我想放声歌唱，让歌声在天地间回响。我想仰天长笑，让万物一起开怀。

若是没有云彩的簇拥，即使雷鸣电闪天空也不会下雨；若是没有小溪的流淌，江河哪来的咆哮奔腾；若是思想不再歌唱，灵魂恐早已死去。

感悟篇

感悟

1

浪花是江河的语言，云彩是天空的衣裳。

人前多夸人，人后莫说人。

人过了头，摔跟头。

人不奢望是很难的。

人后有人，山后有山。

人一高调起来，就得意忘形。

人在一瞬间长大，在一瞬间变老。

人走进喧嚣之中，是害怕沉寂和孤独。

人的每一句话有每一句话的分量，每一步有每一步的重量。

人的大脑是一个过滤器，过滤一些无用的东西，也会吸收一些有用的东西。

人不高调这个世界就少了天籁之音，人不狂野这个世界就少了清静之地。

人与人的雷同之处并不会引起人们的关注，而不同之处往往成为人们关注的焦点。

人们看重形式甚于看重内容。

人们每天在畅想与现实之间作出艰难的抉择。

人们从创造中认识到自身的力量。

人们不看好你如何去说，而看重你如何去做。

人们往往追逐外在的美，对内在的美并不看重。

人们看到，一个人身上失去的亮点在另一个人身上闪光。

人们看重的东西并非值得拥有，而真正值得拥有的东西并没有被看重。

人们总是在举手与投足之间举棋不定，要么是举过了手，要么是延迟了投足。

2

诱人的东西，不缺少追随者。

要居于人前，必先居于人后。

越是点子多的人越让人不安全。

识别坏人比识别好人容易得多。

坐轿子的比抬轿子的人更上瘾。

多数人在赶网，少数人在捞鱼。

留恋过去是现实过得不尽如人意。

时间的老人在为虚度的年华而惋惜。

不能自控的人，总在虚张声势。

什么都会一点的人，什么也不会精。

频频回头的人永远处在队伍的后头。

好在人是可以雕塑的。

再强势的人也怕输理。

要胜于人，必先苦于人。

不强于人，必受制于人。

会演戏的人，都具有表演的天赋。

对人太过分，是在树立新的敌人。

旁观的人看得清，挨得近的人灯下黑。

刀的锋利在于刃，人的刚强在于意志。

只有别人蔑视你的时候，你才知道发愤。

与众不同的人，总会有出奇制胜的绝招。

城府的深宅大院并非适合每个人居住。

好主意在被大家认同前，并不被人看好。

太耀眼的东西，让欣赏它的人眼睛受伤。

3

想象的空间，是一个人创造世界的源泉。

曲子虽然高雅，只是演唱它的人时常跑调。

令人向往的地方总有值得让人期待的东西。

热衷于场面的人，既是参与者又是鼓噪者。

蜘蛛织网意在捕获猎物，人织网意在生存。

久居云霄的人，怎能体会尘世间的酸甜苦辣。

精神富有的人往往比物质富有的人更有底气。

某些富人对穷人的施舍，更像是在发放高利贷。

骄傲的人难得一次清醒，清醒的人难得一次糊涂。

貌似公正的人，实际上既不会公正，也做不到公正。

过多的荣誉对于低调的人来说，不是福音而是包袱。

在中国人的语境里，胆怯就退缩，勇敢就是一往无前。

没有人在意你的过去，人们看重的是你的现在和将来。

优雅看似门槛不高，能够真正走进这门槛的人并不多。

鼓簧之舌的曲子尽管动听，但愿意倾听的人少之又少。

那个碾压你的人，或许给你力量，或许给你埋下陷阱。

人类的聚会是沟通情感，鸟儿的聚会是赛各自的歌喉。

低调的人在缄默中不语，高调的人在喧嚣声中崭露头角。

小时候没有吃过苦的人，一生不知道苦是一种什么滋味。

幻想离现实十分遥远，可有的人沉浸在幻想中不能自拔。

无论名人身上存在多少缺陷，他的影响力就是一座丰碑。

4

举止得体不仅是一个人的脸面，更是一个人的内涵。

当一个人找不到前进的动力时，后退成为唯一的理由。

无端地夸耀或无端地去指责一个人，都不是好的兆头。

从某种程度讲，一个人的委屈不是惩罚，更像是考验。

世上没有一个人是不可救药的，只在于你开的药方是否真正治病。

行善之人的大门是敞开着的，想行善的人其大门尚未打开。

简单明了的道理被故弄玄虚的人表达出来，让人雾里看花。

要想用顺手的人，就得用奴才。要想用干才，就得用扎手的人。

每个人都有两副面具，一副是亲和的面具，一副是冷酷的面具。

坐车的人是在享受愉快的旅行，开车的人早早在规划行进的路线。

某种人就像一颗瞬间从天际滑落的陨石，他满以为可以惊艳大地。

你向往的地方，就是你的天堂。你逃离的地方，曾经是你的地狱。

走得好、走得稳、走得远的人，常常是那种曾经摔过多次跤的人。

艳丽的幻想之花，常常给人们带来某种亢奋，但不会助推人们前行。

那种皮鞋不离脚的人与那种穿草鞋的人，本来就不是一条道上的人。

对某些冠冕堂皇的人，若不与之深交，很难发现其身上的丑陋之处。

将一副好牌打成烂牌，常常不是那种不会打牌的，而是那种善于打牌的人。

女人常聊的话题是时尚，男人常聊的话题是门道。

男人冲动并不是因为勇敢，女人美丽并不是因为贤惠。

女人不以庄重为美，而以开怀为荣。男人不以含蓄为强，而以张扬为大气。

调门的高低并不取决于实力，调门高的人往往实力很弱，调门低的人往往实力很强。

5

他力不如自力。

山巅之上无高度。

气质是给人第一眼形象。

装饰之美远非自然之美。

羞涩与靓丽同样给人美感。

简约之美，并非每个人都会欣赏。

凡有期待，总会有结果。

小河里荡舟，大河里行船。

窍门是人们在寻找的捷径。

反差常常来自视觉的宽窄。

期望与结果从来不会一致。

私欲是打开地狱之门的钥匙。

止步是懈怠，自满也是懈怠。

桂冠是荣誉的花朵，凋谢的枯叶。

即使处于云端，离星星仍十分遥远。

不站在云霄之上，怎能与星星争雄？

精美的诗篇是诗人尚未被唱响的歌。

哗众取宠比狂妄自大更有害。

赌博是一场不请自来的灾难。

自责是在为迟到的醒悟买单。

看戏的感悟不在戏中而在戏外。

背后不说人短，当面不说人丑。

天真的想法，结出苦涩的果实。

拿着锤子的人，看什么都像钉子。

迁就是对一个人的怜悯而非庇护。

投其所好的诱惑，人们蜂拥而上。

民主的根基里散发着自由的气息。

出发点是好的，其结果未必如愿。

眼前盯着小利，如何走进新的天地？

手脚不老实，是其自控力不足所致。

6

一山望着一山高，一山更比一山险。

云彩与太阳争宠，最终消失的是云彩。

无感的世界比有感的世界更令人向往。

庸者不知天高地宽，勤者才知方寸短。

驿站是一个休整地，不是一个目的地。

挥之不去的地方，倾注了太多的情感。

计较的结果，你失去的比得到的更多。

一味蛮干与一味退让，其结果是一样。

追逐太阳的影子，感受不到太阳的光辉。

假象在市场上流通，离不开真相的助力。

好高骛远两手空空，脚踏实地两手满满。

从一个地方失去的，从另一个地方找回来。

青翠欲滴的秀色，那是山川给大地的馈赠。

存在并非多余的，它自会有自个儿的用场。

喧嚣之声传得很远，并不能给人以美的感受。

不被看好的东西，往往给人意想不到的惊喜。

花红过了头便凋谢，人红过了头便走下坡路。

每一个人平静的现在，都有一个喧嚣的过去。

与其狼狈地被人驱赶，不如早早地果断离开。

独唱的声调虽然高亢，可盖不住众人的合唱。

独木桥虽不保险，可看好它的人并不在少数。

越是被人瞧不起的时候，越是要活得精神些。

摔倒在地后，重新站立起来比以前更加强大。

大地是写给天空的诗，天空是唱给大地的歌。

应而不允，尴尬的不是被允者而是允者自身。

鲜艳的花不结果，朴素的枝头缀满殷实的果。

灵感是诗人在懵懂中迸发的一首传诵久远的歌。

7

含糊不清的表达背后，隐藏着不为人知的世界。

小草不被人注意，可它却在扮靓这绿色的大地。

孔雀美丽但不能飞翔，苍鹰貌不惊人可以翱翔九天。

腰杆挺不直的人，再轻的担子也会令其不堪重负。

幼稚是小孩子的铺路石，回首是老年人的精神守望。

机器长期不用会生锈，人的大脑经常不用也会生锈。

浪漫似一杯老酒，只有品尝过的人才知道其滋味。

瀑布情不自禁地将高亢的歌声献给这沸腾的大地。

山中的灌木不成材，它只是林中的一个点缀。

天空注视每一个过客，大地在静听每一个过客的足音。

高论者看重的是一时的亢奋，并不会考虑其实际效果。

耳边的嗡嗡声，是来自天籁之音，还是来自地穴的回响？

树上的鸟羡慕笼中鸟的殷实，笼中鸟羡慕飞翔鸟的自由。

置身是非的旋涡，自救的唯一办法就是逃离。

角色的转换是实力较量的结果，而非自然运行的一种状态。

果树修枝在于结出好果实，山林采伐在于成材树修成正果。

孔雀用羽毛展示自身的美丽，麻雀用夸夸其谈展示多才多艺。

人缘或许能够成为你进步的资源，也可能成为你前行中的包袱。

陈旧的东西给人的感觉是厌倦，新鲜的东西给人的感觉是刺激。

大地会为每一位馈赠者树碑立传，天空会为每一名飞翔者扬名。

小小的昆虫试图用自身的力量，在茫茫林海中建造巍峨的宫殿。

价值连城的东西，在没有被展示在众人之前，是没有人去重视它的。

真正的体面不是在用脸皮刷存在感，而是用自身的业绩昭示天下。

8

路是一样长的路，有的人走起来特别长，有的人走起来特别短。

在危机面前退避三舍，常常不是胆量不足，而是对自身安全考虑得太多。

牡丹花渴望成为永恒，为满足其渴望，人们便让其上升到国花的高度。

幻想将鲜艳美丽的画面呈现在人们面前，影子在光的背后显示它的存在。

节制之美不是限制自由发挥，而是让这种发挥恰如其分地展现在人们的面前。

记忆之光时常让人们处于亢奋之中，并将人们从眼前的场景引入过往的辉煌。

伟大的人物不但可以将耀眼的一面展现在人们面前，也敢于将脆弱的一面向人们坦陈。

认知是在引导人们从一个陌生的领域、陌生的对象，走向熟悉、轻松驾驭、自由掌控的坦途。

伟大的奇迹，往往不是发生在人们的意料之中，而是出乎人们的意料之外。

瀑布是大地造就的悬念，而解开这道悬念的人则会对瀑布充满着无限遐想。

你是一个苦行者，但不是一个受戒者。你是一个规矩者，但不是一个自律者。

仅凭一副好嗓子并非能够唱好一首歌曲，对歌曲的深刻理解决定演出的效果。

花儿在绽放的时刻羞于夸耀自身的美丽，茅草在生长旺盛的时刻陶醉于出人头地。

尽其所能是一种境界，敢为人先是一种境界，故步自封、畏首畏尾是另一种境界。

在自立自足的王国里，你是至高无上的国王。在超过自足的王国里，你充其量只是一个奴仆。

也许只有大地的颤抖才会让你翩翩起舞，也许只有大海的涨潮与退潮才会让你得到片刻的宁静。

痴迷者几乎用近似自残的方式乞求得到梦寐以求的东西，可现实的车轮将这种梦寐碾压得粉碎。

世上没有一个多余的人，每个人的存在都有其独特的角色。世上没有一个人的双手是多余的，每个人的双手都是为创造世界准备的。

人在行走的路上从来不是孤单的一个人，与你同行的有成千上百万人，不过有的走的与你是同一个方向，有的走的与你是相反的方向。

哲思

1

教养是一个人最好的画像。

人格是一个人最好的形象。

认可是对一个人的最高奖赏。

惩罚是最好的救赎。

理解是最高的褒奖。

借口是搪塞的最好理由。

在气质里见到最好的你。

拘谨，是一种羞涩之美。

修饰的美比丑陋更难看。

通向顶峰的路是最难走的路。

回归是重新走到最佳的位置。

溢美之词是一种慷慨的馈赠。

合理的解释需要明晰的注脚。

探讨是彼此理解的一场盛宴。

坚实的足音是世界上最动听的歌。

任何印象都不可能成为最终的结论。

最是一年春光好，燕子衔泥垒巢时。

要做最值得去做的，而不是最好做的。

说辞是假面人找到的最好的一块遮羞布。

懂得感恩，是这个世界最值钱的东西。

感知仅仅是入门，深入理解才可契合。

拖延是最好的拒绝，沉默是最好的回答。

在动机面前，最能够认清一个人的本质。

谁去播种罪恶，谁将会收获惩罚。

偏见的有害之处丝毫不亚于某种恶习。

2

播种者是收获者，但不一定是最终的享用者。

慷慨激昂的调门，最终要看足下的功夫。

氛围是造势者最为钟情和善于利用的场景。

不管形式多么铺张，最终要用内容去诠释。

迷恋眼前的美景，看不到更加精彩的世界。

从哪里获取的东西，最终还要还回到哪里去。

道具的作用在于只能模拟场景不可复活场景。

善于提出意见的人，并不是最终落实意见的人。

说得多的人做得最少，看得近的人走不了长路。

合理的东西未必就合情，合情的东西未必就合理。

回报藐视你的最好方式，是变得比藐视者更为强大。

最好的报复方式是，让曾经轻视你的人变得仰视你。

人们尝遍天下山珍海味，最终还是回到家乡的味道。

台面下边千个理由不如台面上的一个理由充分在理。

合理东西的前方，总会有一些悖理的东西挡住去路。

浅显明了的道理，在被理解前就像难以破解的魔咒。

最低调的人或许是最强大的人，最嚣张的人是最虚弱的人。

离你最近，也许变得遥远。离你遥远，也许近在咫尺。

过气的东西即使回光返照，也不会成为追捧者的新宠。

脱去美丽的外衣，其内在与美丽之外的东西并无两样。

男人和女人的般配不是最佳搭档，而是优势互补。

回忆美好的东西，可以解一时之忧，不能解永久的痛。

3

所谓的过去，就是回不到的从前。

所谓的失去，不过是丢掉了过重的包袱。

所谓的接地气，不过是让老百姓去认可。

所谓的得体，女人讲端庄，男人讲仪表。

所谓的耐心，就是他人放弃了你还在坚持。

所谓的看好，不过是对某个人前途的估价。

所谓的看透，不过是心里有数不愿意说出口。

所谓的忠贞不渝，是你的位置他人不可替代。

所谓的憨人有福，不过是比精明人心里多了一份踏实感。

所谓的高大，并非完美无缺，其也有七情六欲，阴晴圆缺。

所谓的对等，是他人处的位置不能高于或低于你所处的位置。

所谓精致女人，是比其他女人描重了眉圈，涂红了性感的嘴唇。

所谓打一拳是个赢家，是你亏欠他人的，他人用一定的方式惩罚你。

所谓完美形象，不过是给人们提供了一个可以效仿、不可企及的标杆。

所谓的优势，不过是你在中止行程的时候，他人已经走到你前面去了。

所谓的自然之道，不过是遵循自然规律，恪守自然法则，维护自然平衡。

所谓的金句，不过是将普通的句子外面涂了一层油彩，远远望去光彩夺目。

所谓的真相，不过是引申出另外一种假象。跟正义作对，是在与世界作对。

4

你始于什么样的起点，将最终决定你站在什么样的高度。

难走的路总得有人去走，你不是第一个也不是最后一个。

人与动物的最大区别在于，人可以节制情绪而动物不会。

让不合理的空间被占用多了，合理的空间就变得狭小了。

耀眼的东西往往最先陨落，不起眼的东西却可以经久不衰。

高深的理论像挡在听众面前的一座高山，要登上它的顶峰不容易。

理由并不能成为合理的解释，合理的解释里面包含着充足的理由。

简单明了的道理，通过某些高端的理论家表述出来，变得晦涩难懂。

最好的归宿是当你走完了精彩的一生时，夕阳还在西边的天际与你相约。

最容易通过的地方有可能是一座陷阱，最难越过的山头有可能是一座金山。

喧嚣者的喧嚣不过是戏剧开场前的一幕垫场，它永远不可能成为戏剧场景中的高潮。

广种薄收并非最好的耕种方式，最好的耕种方式应当是用少许的良种收获丰满的果实。

无论你多么伟大，最终逃脱不掉生与死的魔咒。无论你多么渺小，最终将与大地融为一体。

你应当感谢那位撤走梯子的人，不应当感谢给你梯子的人。后者让你省去攀登的力气，但难以达到顶点。前者让你丢掉幻想，依靠个人的力量奋勇登攀，最终走向光辉的顶点。

思辨

1

头顶有星空，足下有乾坤。

夹缝里生存的植物最强壮。

边界乃风云的际会之处。

感知比敏感更深刻。

风声是信息的第一个传播者。

风筝飞得再远，最终还是要落地。

给鸟儿筑巢不如先给鸟儿投食。

鱼儿不上钩，是诱饵不够丰厚。

想象中的你，永远不能成为现实中的你。

想象的翅膀不会因为怕折断而不去飞翔。

落叶并不孤寂，它已与树下的泥土融为一体。

每一片树叶都是不相同的，都有其独特的记忆密码。

感觉只是蜻蜓点水，融合才是春风送暖。

雷电可以裹挟狂风暴雨，不可能撼动大地。

大堂上的高谈阔论与杂货市场上的叫卖声没有什么不同。

水无杂质在于它的沉淀净化，人的清净在于头脑无挂碍。

徘徊在大海岸边，会感受到大海的喧嚣，但不会感知大海的深邃。

为什么高大的房屋要留有天窗，那是因为要看到比其更高的天空。

圣殿上高论只会回响在圣殿的上空，它不会成为听众践行的指南。

路上追赶的人都是傲强的人，在浅水区戏水的人都是不会游泳的人。

我是一位卑微者，就像滚滚风尘过后抛洒的一粒沙子，没人注意我的存在。

漂移的小岛是要脱离整个大陆还是要逃离这个世界？

孔雀的羽毛，对于小鸟来说是一件过于昂贵的奢侈品。

大鱼往往沉在水底，浮在水面的都是小鱼小虾。

蚂蚁在高调的建造宫殿，小鸟用婉转的歌声表达羡慕之情。

想象的翅膀是否载得起笨重的身体？嘹亮的号角是否可以加快前行的步伐？

2

方寸之内有千秋。

存在感即充实感。

沉醉其中，必有醇香。

天在作合，情在牵手。

梦在远方，路在脚下。

好的归宿始于好的起点。

好戏缺少不了垫场的。

再顺的风也有逆行者。

有使用价值才具有价值。

声誉是金钱买不来的。

重塑是一种修养，是一种重生。

一个人的风范在其一生的涵养里。

一寸见方可以浓缩大千世界。

舍去是一种放飞，回报是一种馈赠。

一厢情愿的东西终究不会花好月圆。

纵有豪情万千，不如足下生辉。

沉寂的湖底勾画出碧空如洗，但它不是天空。

起点已不是昨天的日子，它是崭新的一天开始。

激情既可以是一座火山，也可以是丰茂的田园。

乐观是向上的梯子，豁达如同辽阔的海洋。

好走的路不乏捷足先登者，难走的路正等待你去征服。

铺路者不会看到身后留下的足迹，只会注视前方的荆棘坎坷。

繁星闪烁的夜空，你尊崇的那颗星星正微笑着面对你，等待你走近它。

露水之恩当涌泉相报，萍水相逢当一世之交。

最强大的人，往往是那些在风险来临的时候已经做好了应对的准备。

真正的歌唱者，在他歌唱的时候震撼你，在停止歌唱的时候其余音依然吸引你。

总有一首歌会让你欣赏，总有一条路适合你去行走，总有一种爱好令你沉醉其中。

3

大厦不倾，重在固基。

凡有纠结，都有说不出的痛楚。

开端并不意味着已经进入状态，只是状态的前奏。

犹豫不决是失败的开端、成功的丧钟。

出发点常常决定到达的终点。

行进的方向决定你到达的目的地。

包袱卸得越早，行走起来越轻松。

正如起步是在探路，奔跑也是在探路。

差距有时就在一念之间，一步之遥发生的。

身处十字路口，迈出每一步都生死攸关。

当你无路可走的时候，才想起回头，可为时已晚。

当你到达了一定的高度，也许才是你真正的起点。

过多的呵护不会助推你的行程，反而会拖累你的行程。

因为迷茫而止步不前时，也许有便捷的通达之路，也许有陷阱。

纵然是高贵者的血统，也不应忘记起步时的艰辛。

将不堪回首的一页翻过去，开始崭新的一页吧！

劣势并非不可逆转，优势并非不可丧失。

幻想是在追逐某种影子，因为影子会吸引追逐它的人。

幻想是虚拟的图画，它永远不会变成现实。

世上只有生了锈的钥匙，没有打不开的锁。

世界上一切不可能中都蕴含着极大的可能。

只要期盼的东西货真价实，等待不过是一种形式。

4

回避是解脱的一种方式。

作秀场上从来没有沉寂过。

良药虽好并非可以治病。

官道不通，问计于民道。

说辞扮演着裁判者的角色。

真相的缺位让假象大行其道。

桂冠是一时的荣耀，永久的重负。

破题是在从死结中寻找活的源头。

潜在的危机比当下的危机更危险。

灵魂在哭泣的时候，忏悔并不能够拯救灵魂。

氛围不在于渲染，而在于它的底蕴。

服从并非顺从，屈尊并非妥协。

是黑描不白，是白可以轻易描写成黑。

狠者出硬招，低调者出实招。

侥幸获取的东西大都长久不了。

单薄的身子承受不起厚重的桂冠。

浅薄的河沟在嘲笑深邃的大江。

瞬间乞求永恒，新生获得不朽。

护弱并不能成其强，推高并不能成其高。

对等并非平分秋色，相当并非没有短长。

记忆是唤醒的一种方式，遗忘是告白的一种方式。

对先者更好的纪念，就是创造出比先者更大的奇迹。

托词试图在掩盖某种真相，而真相是掩盖不了的。

燃烧后的灰烬，也是上好的肥料，可以物尽其用。

复制与粘贴都不能还原本真，本真是原始的东西。

所有的毁灭都是从日积月累得来的，偶发的毁灭不过是来得早了一点。

5

难题被破解就是好题。

麻木比迟钝更有害。

并非每只蛹都能化作蝴蝶。

离奇的东西不会总是耀眼。

味道不是吃出来的，而是品出来的。

淘汰很残酷，却是新生的必需。

疾病的治愈是从找准痛点开始的。

期望过多，往往什么也得不到。

轻易得到的东西，大都守不住。

眼睛只盯着收取，失去的可能更多。

留恋一时的所得，将会失去一生的收获。

得到之前是渴求，得到之后是包袱。

解一时之渴，并不能确保一生衣食无忧。

真正的拥有是一生也离不开的东西。

真正的谨慎之人，不会在喧嚣声中随风起舞。

现在怎么活并不能够代表你将来怎么活。

脆弱的心理承受不起暴风雨的来袭。

三分钟的热情支撑不了一生的行程。

看好而不去做好，是某些好高骛远者的通病。

情场上不缺少勇夫，战场上不缺少懦夫。

重负之下，既可以产生英雄，也可以产生懦夫。

死马当作活马医，是因为没有可替代的马。

妄为者常常不是世界的创造者，而是世界的搅局者。

甜蜜与痛苦不过是一墙之隔，但要越过这堵墙却是很艰难。

高调容易，低调不易。因为二者之间的距离不亚于万里之遥。

6

物贵在稀少，贬在丰裕。

夸耀是一种虚胖的疾病。

幽默感即分寸感，夸耀则是贬低。

外观的精致并不意味着实用。

偏见的针刺刺伤的都是无辜者。

单纯是一张没有沾染灰尘的白纸。

过度的渲染已经为沉沦埋下了伏笔。

时髦的东西只会风靡一时，不能长久。

交易场上的技巧是骗术的另一种解释。

肤浅的东西往往耀眼，深刻的东西往往含蓄。

攥紧了拳头什么也得不到，松开了拳头你拥了一切。

苦水里结出的并非苦果，香甜的果实并非都是佳酿。

并非时髦的东西就珍贵，而是具有价值的东西才珍贵。

包装可以起到点睛的作用，但不可取代其实质。

形式主义的经久不衰，在于市场持续不断的需求。

台上达成的协议，台下常常多有变故。

说法仅仅是一个借口，输赢才是目的。

仅仅满足于纳凉之便，那是对大树的贬低。

没有虔诚的弹奏，怎能期待有振聋发聩的回响？

无限的神秘不在你的幻想里，而在未知的世界里。

实际上，你已知的比未知的多，拥有的比真正得到的少。

世界需要你给予明晰的回答，不需要你作过多的解释。

自责是清醒的一种方式，但离真正的清醒尚有不短的距离。

我们的缄默来自先天的喧嚣，我们的反思来自曾经的鲁莽。

不要去显山露水，你的存在对他人来说，已如同立在面前的一座高山。

7

善始者众，善终者寡。

气势三分强，怯阵三分败。

不落入俗套则会与众不同。

大算盘小视角，小算盘大视角。

方寸中有乾坤，渺小中有伟大。

人行善山欢水笑，人行恶天理不容。

打墙不坏头一板，规矩不坏头一次。

有多少个幻想，就有多少个幻想破灭。

收拾一盘残局不亚于重新开始一局好棋。

会反思的人将错误变成动力，不会反思的人一错再错。

匆忙间做出的表述是肤浅的，深思过后的表述是深邃的。

能属于你支配的东西才真正属于你，其他的都不属于你。

那种被现实击碎的幻想碎片，试图重新拼凑一幅炫目的画面。

平顺的路虽好走，但收获寥寥。崎岖的路虽难走，但收获良多。

追寻之路不是碍于路途中的阻隔，而是常常止步于途中的懈怠。

猜测的东西可以有多种色调出现，而确认的东西只有一种色调出现。

任何一种可能都带有某种缺陷，而修复这种缺陷是实现可能的关键。

容器的大小只能决定盛进的物品多少，不能决定盛进物品的贵重。

若是在关键时刻，他人给予你的即使是一杯白开水，也要以琼浆去报答。

嘴上的功夫代替不了足下的功夫，足下的功夫让嘴上的功夫相形见绌。

损坏一件东西轻而易举，而要将损坏的东西恢复原样却是非常的艰难。

慌不择路，饥不择食。前者等待你的可能是陷阱，后者等待你的可能是砒霜。

人在两个时刻露出不同嘴脸：一个是在利益诱惑面前，一个是在生命攸关的紧要关口。

真正有价值的东西，不是在你得到的时候知道它的价值，而是在你享用过程中才知道它的价值。

头脑就像一个容器，有用的东西装得多了，无用的东西就装得少；无用的东西装得多了，有用的东西就装得少。

淘汰出局的东西并非毫无价值的东西，譬如，被大浪淘汰的泥沙，不仅可以造福平原、洲岛，而且是建筑工程不可或缺的材料。

聪明篇

聪明

聪明并不等于智慧，但智慧一定聪明。

聪明并不等于才华，才华里面包含着聪明。

聪明过度常常被人们视为一种浅薄而非明智。

狡诈是对聪明的卖弄。

卖弄是一种笨拙的聪明。

错过了能回头，才是聪明人。

自视为聪明的人是一种非理智的聪明。

最难走的路是心路，最难解的结是纠结。

不能用聪明或是愚蠢来衡量一个人的良知。

没有几个聪明人真正知晓自己的软肋在何处。

自作聪明者高估了自己的智商，低估了他人的智商，所以总是自以为是。

一个聪明人可以用粉饰来掩盖丑陋的面孔，愚蠢的人却做不到。

一个人的聪明之处，在于他能够听得进不同的声音，分得清善恶，嗅得出香臭。

为了博得他人的好感，聪明人也常常会做出违心的傻事。

没有见过逃离吃亏的傻子，也鲜见不避风险的聪明人。

在聪明者面前不如糊涂一点，在智者面前不如愚笨一点。

在聪明过人者身上，是你没有见过的无数次挫折与失败。

聪明人被自己设计的门槛绊倒，不知会有多少人步其后尘。

聪明人做糊涂事并不鲜见，糊涂人做聪明事让人惊讶。

聪明人懂得为他人修路架桥，愚蠢人忙于为他人竖起篱笆。

聪明人要提防的，不是顺境时的癫狂，而是逆境时的悲伤。

所谓的聪明人，是那种在大事上糊涂，在小事上较真的人。

所谓的聪明人，不过是那种见风使舵，善于做表面文章的人。

将他人当聪明人自己是聪明人，将他人当傻子自己是傻子。

我是相信一个不说谎的傻子，还是相信一个胡言乱语的聪明人？

一些卖弄之人，知道什么时候能够巧妙地借用其聪明去掩饰卖弄。

卖弄是自视为聪明人的一种高端行为，真正对其感兴趣的人少之又少。

要论聪明劲，每个人都不会输给对方。要轮实干劲，总会有人甘拜下风。

人际资源在聪明人手里变得价值连城，在愚笨人手里被糟蹋得一文不值。

有些人的聪明在他人眼里是一种奸诈，有些人的憨厚在他人眼里是一种安全。

在聪明人手里，复杂的问题变得简单。在愚蠢人手里，简单的问题变得复杂。

聪明过度者常常扮演着贤者的角色，而真正的贤者极其低调，平凡而不耀眼。

聪明人是在从他人的挫折中得到长进，愚蠢的人是在距离成功半米内坚持不住撤退。

动物不会说话，它可以通过动作让人们去理解其所要表达的意思，这就是动物的聪明之处。

一个聪明人会将他人认为不能的事变为可能，一个愚蠢的人会将众人都认为可能的事变得不可能。

良知

良知在一个人无声的行为里，所有的语言都是良知拷贝。

一个伪善的人，最缺少的是良知，而良知是不会馈赠给伪善的人。

缺少良知的获取，是一种疯狂的掠夺。

任何伪善行为都会在良知面前露出其真容，良知是一面照妖镜。

良知是人生大厦的基石，若是基座坍塌，人生将不复存在。

良知不是待价而沽的商品，而是人生最具价值的精神财富。

科学家用智慧揭示自然界的奥秘，哲学家用良知回答现实中的问题。

良知会起到人生平衡器的作用，当私欲膨胀的时候，良知会遏止你；当行为不雅时，良知会提醒你；当你去行恶时，良知会阻止你。

改变

若要改变世界，先去改变自己。

适应环境比改变环境更为现实。

困惑的时刻也是改变自我的时机，切莫浪费了这一时刻。

伟大的变革始于每一个细小的改变，改变中看见伟大的萌芽。

改变也许就在一瞬间，也许就在一世间，这要看你的努力。

所谓的接轨，不过是改变了原有的基因。

终结一种行为简单，但要改变一种思维很难。

能够改变口味的，不是食物本身而是某种偏好。

岁月已翻开了新的一页，可你什么也没有改变。

情形改变，思维改变；时代改变，生存方式改变。

本色在固守自身的基因，任凭风云变幻不会改变。

也许到了被人瞧不起的时候，才知道下决心改变自己，可为时已晚。

人们渴望改变自己，可又不愿意放弃应当改变的东西，所以在观望中徘徊。

具有想象力的人们，是否可以运用想象的力量改变现状？

自己能够改变的东西，何必舍近求远借助他人的力量改变。

给空洞的说辞穿上一身华服，也改变不了空洞说辞自身的窘境。

在欲望面前，我们都是改变者；在陈规面前，我们都是反叛者。

我们都是大地的婴儿，在大地母亲的哺育下学会了行走，学会了改变自我。

熬过了失望之后，就到了该改变自己的时候了，若不改变，将被岁月淘汰。

复制的东西之所以没有历史的厚重感，是复制的东西已改变了原有的基因。

接近改变，身在其中。拒绝改变，抱残守缺。嘴上的功夫再好，不如足下的功夫可靠。

有些东西经过漂洗焕然一新，比如衣服。有些东西经过漂洗改变不了质的味道，比如来路不正的钱物。

植物在季节中改变了外观，内质并未变化。人也如此，外观的形象随时可以改变，其内在的气质不会改变。

理智篇

理智

胜者赢在理智，败者输在鲁莽。

当一个人丧失理智之时，也是其坠入深渊之时。

一个人在理智面前无动于衷，在鲁莽面前试图扮演勇士的角色。

当某种人欺骗他人时，自己并无耻辱感。当遭受他人欺骗时，极容易失去理智。

炫耀是一种肤浅的行为，它在理智的人们中间不会也不可能产生轰动效应。

理智之光总能深刻洞察我们未知的领域，而认识与观察仅仅停留在判断阶段。

理智之光不会因为你的处境艰难而失去它的光芒，也不会因为你的处境向好而增加它的亮度。

有的人在幻想中耗掉人生，有的人在与他人的争斗中吃力地度过一生，有的人在事业的进取中精彩一生。在上述几种思维方式与生存方式的选择中，理智的一方占上风，不理智的一方落下风。

掩饰

掩饰错误是在证实错误。

掩饰丑陋是在证实丑陋。

即使高贵的人也少不了某种面具的掩饰。

诋毁他人的目的，更准确地说是掩饰自身的缺陷。

含糊不清的话语并不能掩饰其对某种东西的喜爱。

某种人的做派是在掩饰自己的缺陷，不要将它视为一种情操。

表象的雍容华贵，往往能够巧妙地掩饰内在的空虚和邋遢。

包装的目的在于掩饰物品的某种缺陷，以便于物品的销售及流通。

坦陈自己的陋习并不会让你难堪，掩饰自己的陋习才会让你丢人。

展示，是竭尽全力向他人推荐自己；掩饰，是穷尽手段遮住自己的丑。

一个人的情绪无论如何是掩饰不了的，它总会通过你的表情及行为表现出来。

无论你如何去掩饰自己的动机，你的行程和到达的终点，不是明白无误告知了你的动机吗？

缺点

无视自身的缺点是最大的缺点。

成倍放大他人的缺点，是一种心理自虐行为。

我不需要粉饰，宁可保持带有某种缺点的自己。

缺点是某些人含在嘴里的糖，掉在地上的泥巴。

人们对自身的缺点视而不见，而对待他人的缺点成倍放大。

我不认为那种欣赏自己缺点甚于优点的人，是自己的良师益友。

那些谈论起他人优缺点头头是道的人，未必对自身的优缺点了如指掌。

我们先于他人说出自己的小缺点，是为了不让他人说出自己的大缺点。

如果我们仔细观察一个优秀人物，其自身的缺点一点也不比普通人少。

友谊的可贵之处，不是将自己的才智展示给朋友，而是将自己的缺点向朋友坦陈。

尽管一个人有深度与广度，其缺点也是显而易见的，他人看得清楚，自己视而不见。

通常，人们在肯定他人成绩时，将其成绩说得很满。在指出缺点时，将其缺点说得很虚。

如果从远处看某些人的形象十分高大，当我们走近其身旁却发现其身上的缺点一点也不亚于他人。

弱小

不是高大就伟岸，不是弱小就卑微。

小草并不弱小，是它的奉献装点了这绿色的大地。

深沉让弱小的人逐渐强大，幻想让强大的人变得虚弱。

人们将自己看得高大，只是为了不给他人留下弱小的印象。

小溪的流淌造就了大江的波涛，弱小的力量集聚了强大的能量。

弱是强，因为弱小的东西早晚会变强。小是大，因为大从小中长成。

真正的公平，是在其显示弱小的时候，而不是在其显示强大的时候。

伟大与弱小者都在书写自己的历史，只是其书写的历史厚度轻重有别。

伟大与弱小之间在事物的起伏发展中转换，在力量的此消彼长中轮回。

不怕你强大，就怕你看不到自身软肋；不怕你弱小，就怕你没有志向。

睁着眼睛的人不如失明的人心静如水，伟岸的巨人不如弱小的侏儒精明。

如果不是一些人的丑，一些人的美丽就不会那么诱人。如果不是一些人的弱小，高大的人就不会那么耀眼。

第三辑

志向·奋斗

　　羡慕他人的成功,不如开启自己的人生。成就人生事业的大都不是靠机遇,而是依靠自身百折不挠的奋斗。进取之心是人生的不竭动力,自己的命运就掌握在自己手里。人生追求的价值不在于其追求的目标,而在于其追求的目标能够让他人从中受益。

成功篇

成功

渴望是成功的开端，是人生的一种动力。

羡慕他人的成功，不如开启自己的人生。

幻想注定不会成功，只会失败。

教训是打开成功的钥匙。

起点是专门为成功者准备的。

设限是为不成功者留下余地。

不去探索成功，就去坐等失败。

多余的想法，往往是成功的备份。

要想获取成功，先从研究失败开始。

所谓成功的秘诀，不过是苦水加泪水。

太急于成功的人，大都坚持不到最后。

兴趣常常是一个人走向成功的敲门砖。

点子最多的人，往往是成功率极低的人。

答案从足下去寻找，成功从汗水中去寻找。

在错误面前低头，是为了在成功面前昂首。

当我们踌躇满志的时候，离成功已经不远了。

不要在途中懈怠，成功始于一以贯之的坚持中。

有的人不去为成功人士鼓掌，却常常去喝倒彩。

黑夜是黎明的前奏，困难是通向成功的必经之路。

在生存面前人们都是学生，在成功面前人们都是先生。

愚蠢的人常常用自己的鲁莽行为，为他人的成功买单。

每一件不可预知的事情里面，都具有某种成功的可能。

一个成功的故事里面，既有闪亮的情节又有辛酸的泪水。

学识、胆识和毅力，是打开人生成功大门的三把钥匙。

成功的结论不要下得太早，尤其是尚在人生行进的途中。

风险往往更具成功性，能够将风险转化为成功的人少之又少。

当你在困难面前手足无措时，成功的捷径或许离你并不远。

任何一次成功都不值得庆幸，新的矛盾与问题正向你走来。

出镜率并非成功率，踩在他人身上的高度并非真正的高度。

谦逊者将成功视为新的起点，自满者将成功视为安卧的乐床。

郑重的提醒不应当是在挫折的时候，而应当是在成功的时候。

昨日的光辉是退场的朝霞，今日的成功像是升起在头顶的太阳。

如果不是我们伪装成功，也许我们的假面具早就被他人揭穿了。

一个预言家并非一个成功者，一个成功者必定是一个践行者。

成功或许就在离失败最近的一分钟，或许就在咬紧牙关的一刹那。

你应当懂得，在这个世界上唯一能够助你成功的，是自己的决心和毅力。

尽管某些人出类拔萃的表现让人们称羡，但要延续其成功却是非常艰难的事。

在顺利的时候，要预判风险的来临。在挫折的时候，要提起精神为成功呐喊。

永不凋谢的鲜花只能留存在画中，永不放弃的力量之花在渴望成功者身上绽放。

在未知的领域里探索，一个具有叛逆精神的人比一个中规中矩的人更能获得成功。

你应当相信他人是一个奋斗的成功者，你也应当相信自己会成为一个奋斗的超越者。

小溪期待成就奔腾的江河，江河期待成就浩瀚的大海，人生期待摘取成功的桂冠。

对自己人生前景的堪忧，往往不是眼前的处境有多难，而是对人生成功的期望值太高。

如果成功仅仅是为了获得心理上的某种满足，那么人生所经历的一切就会变得毫无意义。

如果骄傲到不能欢笑，痛苦到不能哭泣，成功到不能雀跃，那就如同在窒息自己的心声。

过去是为现在而存在，低级是为高级而存在，失败是为成功而存在，后退是为前进而存在。

有些错误能够开导我们，让我们从混沌中走向清醒。有时候成功导致闭目塞听，让我们从谦逊走向了自满。

不要将人生的舞台置于云霄之上，它会让你望而生畏。其实人生的成功，是靠一个又一个低矮的台阶攀登而实现的。

无论从哪个角度讲，人们都应当感谢那些失败者，若不是他们在前面探路失败，后来者很难找到一条通往成功的捷径。

在成功到来之前，挫折不过是在为你清除道上的路障。在美好的事情出现之前，不愉快的事情只是给你开了一个小小的玩笑。

如果自信是一股烈火，燃烧掉的是怯懦、懒惰、观望、失望，点燃的是锲而不舍、奋发有为的动力，吹响成功的号角，擂响成功的战鼓。

有些人本来有条件成功并未能成功，有些人不具备成功的条件却实现了人生的成功。条件只是人生成功的外在因素，内在的因素起着决定性的作用。

成长

1

教训是成长的摇篮。

险境或许变成你成长的捷径，这要视你的心态与努力。

失败的痛楚是人生成长过程中必须品尝的滋味。

现在生活中的疼痛，是为了将来人生的健康成长。

人生给予你的磨难，都将会成为你成长的铺路石。

人生在前行中失去的一切东西，最后都会用成长来报答。

劳动创造美，生活品尝美，人生之花与美一起成长、绽放。

当一个人专注一件事的时候，他将与专注的那件事一同成长。

在人生的成长过程中，起营养作用的有自身的，也有他人的，不过人们更看重自身的营养成分。

2

分寸感，是一个人成熟与否的尺子。

所谓的成熟，不过是比他人早一些醒悟。

谷物在它成熟的时候垂下高昂的头，人在成功的时候懂得缄默。

谷子是低调的，它成熟的时候头垂得很低。稗子是高调的，自始至终将它的头举得很高。

一个成熟的人好比一颗成熟的果实，只有当它香飘四溢的时候，你才能够感受收获的意义。

人们往往将一件并不成熟、并不完美的东西当作珍宝欣赏，而对一件极具潜力、极具价值的东西并不去看重。

3

飘向异地生长的种子，在感受风的魅力。

遗忘的种子，在另一个国度里开花结果。

种子是好种子，只是生错了地方，所以只开花不结果。

纵然是优良的种子，也要有适宜的土壤才能茁壮成长。

真正的好种子，它不是一桌丰盛的宴席，而是一颗能够发芽、开花、结果的种子。

我们有时候不知不觉在他人的田地里播下自己的种子，并从他人的汗水中收获果实。

如果你是一粒种子，不妨让人去挑选。如果你是一匹良驹，不妨走进赛场与其他良驹一决高下。

万丈高楼平地起，人生的成长是从学走路开始。人生真正的难题，不是千军万马来袭时的不设防，而是在面对自身的缺点时怯阵逃脱。

奋斗

一个奋斗者的血液里浸润着时代发展的基因。

不要用眼光去揣摩他人，而应当用心去感知他人。

人的尊严不是出现在满脸笑容里，而是暴风骤雨的洗礼之后。

成就人生事业的大都不是靠机遇，而是依靠自身百折不挠的奋斗。

不要以为创造人间奇迹的值得夸耀，书写自己的奋斗史同样值得荣耀。

当你为小我奋斗时，是在孤军深入。当你为大我奋斗时，是在与时代同行。

一个人的心里装着两个世界：一个是奢侈极乐的世界，一个是艰苦奋斗的世界。

在他人的影子里找不到你想要的东西，你想要的东西在你的足下和奋斗的汗水里。

进取

进取心决定人生的可塑性。

进取之心是人生的不竭动力。

进取心是改变人生命运的唯一途径。

进取精神会感染人，消极情绪会传染人。

我们的进取之心，取决于对事业的钟爱程度。

进取之心犹如一盏明灯，在心头闪烁照亮着前行的路。

生存的力量像一首曲子，在每一位进取者心里唱响。

动力有时来自异常的困境，有时来自强大的敌人。

不是每个人都能做到顶天立地，但至少每个人都可以做到自立自强。

探索没有终点，认知没有止境。

即使深渊也有探索者，即使天穹也有飞翔者。

在这个世界上，自己充其量是个探索者，天地才是见证者。

他人追逐的东西，并不一定适合自己。适合自己的东西要靠自己去探索。

成败篇

命运

你在创造人生也在改变命运。

能够改变命运的人，也能够改写历史。

我从不相信命运的安排，只看好足下的每一小步。

生命的慈善之举，是命运又一次降临在你的身边，你要紧紧抓住不放。

听信于命运的安排，是一种对命运俯首称臣的胆小鬼。

让生命蒙羞的不是对命运的好高骛远，而是对生命的懈怠。

决定人生前途命运的，不在于你的勇气，而取决于你的志向。

命运对你的眷顾，并不是上苍的开恩，而是你对生命的虔诚。

命运看好那种矢志不渝的奋斗者，鄙视那种贪图享受的虚度者。

我不相信命运的安排，却无法改变重复多数人已经选择的道路。

朋友，何必去与浮躁争雄呢？自己的命运在风轻云淡的天地里。

当你轻视一个弱小者的时候，命运已经锁定你将输给这个弱小者。

自己的命运就掌握在自己手里，他人恩赐主宰不了自己的命运。

很难设想，一个没有主心骨的人，其人生的命运会掌握在自己手中。

命运常常能够改变人生，却对根除生命中的某种缺陷显得无能为力。

命运这至高无上的主宰，让强者成为你的宠儿，让弱者成为你的弃儿。

楼房的根基坚固与否决定其寿命，人生的根基坚固与否决定其前途命运。

人生的选择非常重要，不仅决定你应当走什么样的路，而且决定你的前途命运。

命运从来不是靠恩赐获取成功的源泉，而是从困苦的砥砺前行中获取生存与进取的灵感。

无论人们对命运多少心存厌恶之意，但命运总会在时好时坏中切换，这给人们带来一线希望。

有些事想绕过去绕不过去，有些事想放弃无法放弃。欲望在一次次撺使你，命运在一次次驾驭你，唯有天地之光在注视你的所行所为。

希望

现在的希望或许会成为未来的种子，今天的努力才会成为明天的果实。

希望并非现实，目标并非成功。

人生多一备份，其成功的希望会更大。

希望在渺茫的前面，真理在纷争的背后。

当你处于拐点时，希望离你已经不远了。

在人生中去拓展希望，在生活中去寻找快乐，不能听任希望在碌碌无为中流失。

山川是大地的儿子，它背负着大地无限的希望，给予寄希望者无穷力量。

幻想满足于一时快感，希望展现可期待的结果。

思想是种子，它在不曾播种的土地上播下希望与未来。

自己回答不了的问题，多半希望从他人那里得到答案。

是大地的殷殷期待，让希望的种子生根、开花、结果。

生命留下的罅隙，让那些失落的人重新找到生存的希望。

我们苛求他人时，并不希望他人用同样的方式对待自己。

每个弱者都希望成为强者，每个强者都希望成为盖世无双者。

你的赠予虽然微不足道，但在弱小者心灵深处升起了希望之光。

自恃是放大的自我，它希望得到的与应当得到的距离十分遥远。

我希望活在自己的世界里，不在乎他人是否关注，一生平安终老。

人生迈出的每一步都应当是坚实有力的，它不会让人生辜负生命的希望。

希望不是让你只看到破土而出的新芽，而是让你看到雾霾被太阳驱散后的朗朗晴空。

在充满希望的大地上你是一个闲散者，在顺势而为的事业中你还是一个无所作为者。

我穿越时间的冰河，去追寻新春的希望。当冰雪消融时，我满怀喜悦迎接春天的到来。

空洞的豪言犹如飘向空中的流萤，它既不能够让人动容，又不能为大地播下希望的种子。

奢望是希望得到不可能得到的东西，渴望是希望得到可能得到的东西。这就是二者的区别。

我希望在未来的岁月里，思考的每一个问题、去做的每一件事情、付出的每一份心血都是有意义的。

希望成功与到达成功之间横亘着一条漫长的路，只有激情满怀且锲而不舍的人，才能够将希望变为现实。

初春时节，人们走向空旷的原野，将希望的种子播撒在肥沃的泥土里，期待在秋天到来的时候收获饱满的果实。

我不知道在一件大有希望的事情面前狂热能够持续多久，但我知道在风险面前保持冷静沉着的心态最后才能稳操胜券。

我曾经彷徨过，曾经失败过，曾经走向死亡的边缘，但我没有放弃对人生的希望，最终我挺过来了，并且紧紧追随时代的脚步一直前行。

我愿将自己的生命之花编织成漂亮的花环戴在你脖颈上；我愿用美好的祝愿谱写优美的曲调唱给你听；我愿将生的希望奉献给你，让自己的灵魂依偎着你。

目标

人生若无目标，生活就会变成一团乱麻。

距离并不会妨碍人们实现目标，心态才会。

选择决定人生的路线，胸怀决定人生的目标。

追求多个目标的人，最终丧失了所有的目标。

对人生定位的不准，往往导致人生目标的迷失。

没有方向感的人生，将会造成人生目标的迷失。

目标不会自动成为人们追寻的动力，欲望才是。

人生的每一步都在为最终目标的实现积聚能量。

奔放是自由的一种形式，自由是奔放的终极目标。

思想的推手，在造化人生的远大目标中发挥着无与伦比的作用。

精神的亢奋，常常让人们在尚未捕捉住目标之前已是踌躇满志。

假如我们的心专注于大海，我们还会将大地视为奔跑的目标么？

锁定一个目标的成功率是百分之百，瞄准多个目标的成功率几乎是零。

我一旦奔跑不会放慢速度，一旦行进就不会在目标未到达之前停下脚步。

没有学会走路之前最好不要奔跑，没有找准目标之前最好不要贸然前进。

没有主心骨的人，他的思路是紊乱的。没有恒心的人，他的目标若隐若现。

人生追求的价值不在于其追求的目标，而在于其追求的目标能够让他人从中受益。

选择一个目标如同在选择人生的方向，目标的大小常常可以决定其人生成就的大小。

有的人执着追求目标时，不管前面的道路是曲折还是平顺，都丝毫不会影响自己的恒心。

飞翔的动物与爬行的动物，各自有其追逐的目标，不过一个是在空中，一个是在地下。

无论在人生的路上走了多远，距你所追逐的目标仍有很长的路要走，切忌半途而废。

我们有理由相信，一个脚踏实地践行诺言的人，远比一个好高骛远且远离目标的人成功。

有时候我们追寻的离自己设定的目标越来越远，有时候我们心里想的与手里做的是两码事。

即使你有无限的能量，也无法实现你不可能实现的目标，因为目标离你的决心过于遥远。

人生的止步不前，常常不是因为前进路上的障碍物，而是因为对目标的拿捏不准而飘忽不定。

假如我们不是盲目追索人生的目标，我们是不是可以找到一条更清晰、更便捷通达的人生之路么？

萦绕在心头的梦想宛如夜空中的星辰闪闪发亮，对人生目标的不懈追求犹如大河奔流，气势如虹。

应当相信，我们追逐的目标非常宏大。也应当相信，在追逐宏大目标的每个路段其风景妙不可言。

有时候追寻一个目标，是为了证明自身力量的强大。有时候放弃一个目标，是在被迫收敛自己的雄心。

不要选择太好走的路，太好走的路会使你的抱负缩水。选择适合你走的路吧，这便于你实现自己的目标。

一句豪言，一句承诺，一个目标，一个梦想，都需要实力作支撑，没有实力什么事也干不了，什么事也干不好。

将自己的生活置身于一个小圈子里，人生的能见度很低。将自己置身于生活的大世界，其人生的目标清晰可见。

　　我与你各自生活在异域他乡。我感觉自己的心时刻与你一起跳动，我的脚步紧追你的脚步奔跑，我生命的目标更像是你我追逐的同一目标。

　　一个人的目标是未来的世界，而这个世界离自己十分遥远，如果内心不具有强大的动力的话，那么这个未来世界对自己来说极有可能变得遥遥无期。

　　当你爱上一条江河，这条江河就是你心中的海。当你爱上一座高山，这座高山就是被你征服的目标。当你爱上一座城，这座城就如同你的故土。当你爱上一个人，这个人就是你生命的全部。

挫折篇

挫折

最先跌跤的人，往往是最先学会走路的人。

跌倒的地方，可能会成为一个人强大的开始。

只要精神不垮，再大的磨难也不能够让你跌倒不起。

人生若是没有经历过挫折与失败，其成功不值得夸耀。

对于人生的追寻者而言，任何一次挫折或失败，都是历练。

一个人的成长，缺少了挫折与失败就不是一个完整的人生。

逆境生存的种子，将会给未来人生带来更好的收成。

正是因为逆境让某些一时走投无路的人，重新找回了人生的勇气。

没有跌过跤的人不会走路，没有经历过挫折与失败的人不会成功。

也许只有教训才能够让人清醒，也许只有挫折与失败才能够让人坚强起来。

我曾经幻想过，也曾经历过挫折与失败，但幻想与失败未曾让我清醒。不过，我并未放弃对天堂的向往。

幸运之神看好那种对事业持之以恒，在困难与挫折面前坚忍不拔的勇者，鄙视那种虽有远大目标却无拼搏精神的浮躁者。

没有千百条小溪的助力，就没有大江的奔流。没有经历过挫折与失败，就没有人生的大彻大悟。

只有在我经历痛苦的时候，才能够感受到幸福来之不易；只有在我取得成功的时候，我才能感受到挫折与失败是一种不可承受的人生之殇。

困难

结束一种状态比开始一种状态困难得多。

在危机与困难面前，从容比勇敢更重要。

若是困难骄傲到不肯哭泣，上帝也会被感动的。

借口是一个人回避困难或逃离风险的最好理由。

在困难面前束手无策的人，是那种曾经高谈阔论的人。

放弃一件心爱的东西比乞求得到一件心爱的东西还要困难。

逃避困难或险境，不是投降就是死亡，没有第三条路可走。

心里淡然，什么样的风险都可以应对。心理脆弱，再小的困难也会被吓倒。

在困难与错误面前，有些人交的学费是笔清醒账，有些人交的学费是笔糊涂账。

错误

人可以走错路，但不可不辨方向。

无谓的徘徊，只能耽误你的行程。

好心用错了地方，同样是有害的。

错过了只有从头再来，不会有更好的办法。

孤芳自赏的鲜花错将头顶当成了整个天空。

世界不曾错怪我，可我一直在错怪这个世界。

错觉是一种模糊不清的意识在传递错误的信号。

错过了莫后悔，后悔亦追不回曾经失去的东西。

走错了路不可怕，可怕的是走错了路一直不回头。

错过了是一生中的失落，抓住了成就一生，这就是机遇。

错误的判断导致错误的选择，错误的选择导致人生的毁灭。

直觉并非准确，有时候它是在将你朝一个错误的方向引领。

若是在风险面前徘徊不前，举棋不定，将会错失最佳的机遇。

若要得出正确的结论，多看事物的反面，错误常常是正确的先导。

在不了解一件事情的来龙去脉之前，你发表的意见百分之百是错误的。

心中有底线的人不会做出辱没祖宗的事，心中无底线的人往往数典忘祖，贻误终身。

真正的实在，是为对方的过错主动为其担责，为对方的痛苦主动为其分担，而对方的荣誉一分不沾。

将正确的东西颠倒成错误的，将错误的东西颠倒成正确的，有的人惯于在正确与错误之间玩弄障眼法。

人们感谢那种对自己的错误视而不见并予以祖护的人，很少去感谢那种当面指出其错误并真心帮助其改正错误的人。

问题

拖延最终并不能回避问题，回避问题是在向困难投降。

抱怨不会解决任何问题，只会令你的前程变得更糟。

在大问题上清醒一点好，在无关紧要的问题上糊涂一点好。

奇妙的构思会令我们一时欢欣，但对解决现实问题毫无帮助。

在生与死的问题上你是一位慷慨者，在得与失的问题上你是一位清醒者。

力透纸背的文字，看起来掷地有声，其实并不能够解决现实中的任何问题。

幻想是美丽的，但不能解决实际问题。解决实际问题要靠脚踏实地的努力。

如果少数人说某个人人品有问题，我不会当真。但如果多数人都说某个人人品不行，我可要慎重对待。

怀疑论者是在用放大镜从无中生有中查找问题，宽宏大量者是在用显微镜从他人的短处中发现长处。

在关系到他人的问题上，我们都是评头论足者；在关系到我们自身的问题上，我们都是缄默不语者。

志向篇

志向

志向是有待于我们去征服的高山，在攀登高山之前做好功课。

底气来自一个人的实力及远大志向。

兴趣如星星之火可以点亮志向之明灯。

小溪的志向是大海，山丘的志向是高峰。

如果我能够踏破云雾，我的志向岂止是在蓝天?

如果你的志向不在蓝天，有什么样的力量可以让你向天空飞翔?

不要让喧嚣之声去代替你的志向，还是用力量去证实你的志向吧!

如果我有力量，决不会用含糊不清的语言去表达我要表达的意思。如果我有志向，决不会满足于现状而止步不前。

爱好

爱好是兴趣的源泉，这股源泉在思想深处汩汩流淌。

兴趣与爱好，是一把打开个人潜能大门的钥匙。

兴趣看起来微不足道，却可以成就一个人的事业。

兴趣可以将激情发挥到极致，而爱好为兴趣送去源源不断的能量。

从你的朋友中可以知道你的爱好，从你的喜好中可以知道你的口味。

倾向，有时表达的是一种政治立场，有时表达的仅仅是一种爱好与兴趣。

小心眼在揣摩他人的爱好并投其所好，忙碌的人们却没有这么多的闲工夫。

一个沉着坚定的人，不会满足于一时的热情或某种兴趣，他有更广阔的视角和远大的抱负。

如果你只了解朋友的某种爱好，不了解朋友的多个方面，那么你所结识的朋友只能是半个朋友。

责任

义务在某种程度即责任，责任在压实义务。

义务是一种责任，眼光是一种胸怀。

责任的轻重，决定你人生的承载能力。

叫喊困难只是某些人逃避责任的一种借口。

所谓的责任，不过是比他人多了一份担当。

尽管我们背负着责任，但惰性常常驱使我们懈怠。

真正让人信服的人，是乐于为他人的过失分担责任的人。

如果将责任视为一句空话，那么义务就是匆匆而去的过客。

责任不论在任何时候、任何场所、任何情况下，都能感受到它的分量。

做事

说话口满的人，做事肤浅。

做事找对了路子，就是窍门。

不去做事的人常常会妨碍做事的人。

真正去做事的人，并不是去享受成果的人。

华而不实地做事，象征意义往往大于实质意义。

那种急于表现自己的人，并不是真心想去做事的人。

有些人是在凭良心做事，有些人是在凭热情做事，有些人是在应付差使。

调门高的人并非真心想去做事，他是在那里练虚功。

夸口的事常常不容易办到，小心翼翼做事往往一鸣惊人。

有些人做事的热情不比你我逊色，只是其做事的热情往往不能持久。

想去做事的人正用声调引起他人的注意，已经开始做事的人则沉默不语。

有些人高调做事是在证明自身的存在，有些人低调做事是在彰显自身的修养。

有些人做事并不是为了获取某种利益或得到某种褒奖，仅仅是为了彰显自己的存在。

有些人做事尚未开始，我们就知晓其动机。有些人不动声色做完事情，我们才看清其动机。

行动篇

自信

自信是激情的源泉，最终汇入人生的洪流。

自信在创造人生中见证了力量。

过于自信，往往会给自己带来难以预料的后果。

疏忽大意的过失，是一种过度自信的外溢效应。

花儿是自信的，它不会让人们对其艳丽与芬芳失望。

从铿锵有力的脚步声中，我听到了自信的力量在奔放。

审视的目的在于看清动向，鄙视的目的在于增强自信。

所有的回头率，不过是男人对美丽女人自信的一种奖赏。

他人的诋毁不能让我失去自信，他人的捧场常常令我不能自已。

自信是人生最牢固的阵地，一旦阵地失守将会危及自身的安全。

自信是建立在自我认可的基础之上，自卑是建立在自我否定的基础之上。

先天的禀赋并不能轻易造就后天的自信，只有后天的自信才可以昭示先天的禀赋。

节制的最高点应当建立在自信的基础之上，因为自信既可以产生一往无前的力量，又可以产生不切实际的幻想。

信心

信心的缺失，必将导致人生的迷茫。

只要信心在，前面的风景依然美好。

重拾的信心比失去的信心更为可贵。

你不能超越别人，必将会被他人超越。

多愁善感者是对自己的人生缺乏信心。

信心在任何时候都不失为一个兴奋的沸点。

失败大都不是能力问题，而是信心出了问题。

自信造就伟大的力量，怯懦降低人生的高度。

从踏入自信大门的那一刻起，人生将会彻底改变。

人生的成功莫过于，让时代的脚印留下自信的足迹。

信心就像钟表上足的发条，发条松一刻信心少一分。

当你对人生彻底失去信心的时候，也是生命开始失去光泽的时候。

人们应当有这样一种信念：他人可以飞越天险，自己也可以征服高山。

人生最大的灾难，不是灾难本身，而是缺乏战胜灾难的信心与勇气。

信心是人生最大的潜能。一旦这种潜能得到释放，将造就人生的无限可能。

自信应有度，过于自信只会降低自己的高度，为他人超越自己提供了可能。

纵然你现在身在最低处，你仍有屹立在世界之巅的希望，只要你不失去
信心。

当一个人处于无助的时候，信念往往成为其坚持下去或生存下去的力量之源。

你不相信的东西并不意味着它不存在，你不看好的东西并不意味着它不具有价值。

事物都有两面性，多看积极的一面，心中常有动力。多看消极的一面，让自己丧失信心。

摞荒者或者是对自己耕种的土地失去信心，或者是其耕种的土地已不重要到事关生机问题。

心想事成的事，只有建立在自信、自立、自强的基础之上才是可能的，否则，不可能成为现实。

人生的第一次成功是在小试牛刀之后，此后伴随着自信心其成功的奇迹不断发生。人生的第一次失误，是发生在懵懵懂懂之时，此后这一阴影便伴随其终身。

行为

行为比语言走得更远。如果这种语言是静止不动的话。

看客是某种行为的帮凶，而非一个旁观者。

说得动听，不一定行为优雅。

不要让空洞的承诺去代替你的行为。

卖弄自己，何尝不是一种贬损行为？

只有行为才具有语言的穿透力。

语言是苍白的，行为是最好的证明。

语言与行为的协调，乃是最为优美的仪容。

语言是给人最初的印象，行为才是最终的结论。

行为是最合理的解释，语言的解释对此无足轻重。

正确的行为总是在不断修正事前规划好的路线。

规矩对每一个行为者都加了一道锁。

对犯罪行为的视而不见，如同在纵容犯罪。

对精明的滥用，导致某些人的行为粗鲁不堪。

不要让你高傲的脸面，去嘲笑自身的丑陋行为。

有时候中止其行为比呵护其行为对自身更为有益。

幻想的画面虽然比幼稚行为靓丽，同样是徒劳的。

世界上最美的行为，也许不是行善，而是止恶扬善。

孔雀并不认为向人们展示漂亮的羽翼是一种炫耀行为。

用华丽的服饰可以遮住身体的缺陷，但遮不住行为的丑陋。

言辞像一面镜子照出人的面孔，行为像一把尺子量出人的长短。

如果你喜欢一个人，无须用灿烂的微笑，用你的行为去证明吧。

华丽的辞藻并非可以产生高雅的行为，认识的深浅需要在实践中检验。

不要以为自己的行为无人知晓，上苍在遥远的天际注视着你的一举一动。

每一位鲁莽者的鲁莽行为背后都有其考量。没有考量的鲁莽是不存在的。

从某个人的转嫁行为中，人们看不到一丝善意，倒是感受到了其包藏的某种祸心。

如果你将萤火虫的泛光视为夜空中的星星膜拜，那么浩瀚的繁星会为你的行为害羞。

在你懵懵懂懂，不明轻重利害的情况下，当初的一个轻率行为导致后来人生的一场灾难。

很多时候我们是在为他人书写历史摊纸研墨，很多时候我们是在用卑微的行为为他人歌功颂德。

那种极力讨好他人的行为，实际上不仅没有增加他人对自己的好感，反而增加他人对自己的厌恶感。

第四辑

真理·善良·友谊

　　处世最好的方式是待人真诚。对于人之间的交往而言，理解与信任比什么都重要。人生的失真往往是从不诚实开始的。生命的真实性是其经历磨难而不改变其本色。只有自己的言行是可信的，才有可能在他人面前树立自己的尊严。

真诚篇

真诚

处世最好的方式是待人真诚。真诚拉近了两个人的距离。

谣言止于智者，虚假止步于真诚。

虚伪的热情往往比真诚的热情还讨人喜欢。

用心情表达的东西，远比用形式表达得真诚。

诚信比诺言更为重要。

诚信是人生的第一资源。

诚信从来不是义务，而是一种责任。

广告求一时的效应，诚信具有终身的感召力。

助力他人不在于能力大小，而在于你的心是否真诚。

在真诚面前虚伪是侏儒，在勇者面前困难是垫脚石。

正如懦弱的人很难有惊人之举，虚伪的人很难做到真诚。

不是因为你的歌声让人沉醉，而是因为你的真诚打动了人心。

也许虚假的心会给你带来一丝暖意，但真诚的心会带来一生无限生机。

我们热衷于洗耳恭听奉承者的赞美之声，又怎么能听得进他人真诚的批评呢?

甜言蜜语式的爱情远不是那么真诚，可这种爱情的方式受到许多人的追捧。

亲戚之间的往来是亲情维系着，朋友之间的往来是友谊维系着，人与人之间的往来是诚信维系着。

人的精明之处不在于其有多大的能量，而在于其准确地表达每句话的含义，细心做好所做的事，不以张狂为傲，以真诚为美。

我从傲慢者那里学会了谦逊，从鲁莽者那里学会了理智，从张扬者那里学会了低调，从吝啬者那里学会了大方，从奸诈者那里学会了宽厚，从欺骗者那里学会了真诚。

如果我能够歌唱，不会寂寞无声；如果我能够飞翔，不会匍匐于地狱之下；如果我能够超越，不会成为他人的尾巴；如果我心胸足够宽广，小溪自会汇入心中的海洋；如果我能够认清自己，不会用漂亮的衣裳包裹残缺的身体；如果我能够真诚善良，不会与他人水火不容。

信任

信任是最纯洁的友谊。情感像碧水之深。

有时候信任自己比信任他人还要难。

信任与怀疑在同一壕沟里此消彼长。

信任不是一个人的独唱，而是两个人的合唱。

信任是友谊的敲门砖，是厚重友谊的铺路石。

没有信任谈不上友谊，没有感情谈不上爱情。

认可是介于尊重与信任之间的一座无形的桥梁。

对于人之间的交往而言，理解与信任比什么都重要。

我们不愿意去听刺耳的话，又如何去赢得他人的信任呢？

我不了解你，无法做到信任你，因为了解是信任的基础。

我们对他人的信任与怀疑，首先取决于对自己的信任与怀疑。

江河不信任小溪还能奔流么？太阳不信任地球还能自转么？动物不信任群体还能生存么？

让我怎么信任你？在困难面前你是一个逃兵，在成绩面前你是个捷足先登者，在享受面前你是个贪得无厌者，在友善面前你是个恶行的播撒者。

诚实

诚实是人生最靓丽的名片。

诚实是衡量真伪的一把尺子。

诚实的芽儿不会开出虚幻的花朵。

人生的失真往往是从不诚实开始的。

真理从聪明人嘴里说出来，在诚实人手里变成果实。

我并不认为，那种既会奉承又会作秀的人是位诚实者。

即使一个诚实的人，也少不了借用面具掩饰内心的虚弱。

人是诚实的，他不会被谎言欺骗，也不会用谎言去欺骗他人。

诚实的人对他人不会有防范之心，只有心眼小的人才处处提防他人。

花里胡哨的东西是张扬者的最爱，朴实无华是诚实者终生的坚守。

人们往往喜欢那种掩饰自己缺点的圆滑之人，讨厌那种不会遮掩缺点的诚实之人。

真实

1

真实与虚假不会成为朋友。

虚伪永远不会像真实那样被人认可。

感知的东西比眼睛所看到的更真实。

迷恋幻想，失去真实的自己。

生命的真实性在于它的坦荡。

人们真正看透的是真实的人生，看不透的是虚假的人生。

因为美丽真实，你才变得可爱。

虚荣心遮挡住了真实的面容，将丑陋隐藏得很深。

美丽加上真实的你，是一幅绝佳的风景。

通常，自己的历史由自己来书写最为真实，由他人书写自己的历史十有八九不靠谱。

往自己脸上贴金，反而失去了真实的自己。

有些人做真实的自己比做虚假的自己还要难。

生命力的强弱并不能够反映出其真实的价值。

生命的真实性是其经历磨难而不改变其本色。

所谓的自知之明，不过是认清了真实的自己。

我并不认为虚假的谎言比真实的谎言更美丽。

桂冠仅仅是一种名誉，它不会代替真实的人生。

一件物品有缺失的部分不够完美，但一定真实。

虚伪无论怎么乔装打扮也不会变得跟真实一样。

我喜欢真实的你，因为你的心让我看得很清晰。

现实中的我粗俗但真实，幻想中的我高雅但虚假。

2

如果不是虚假抢眼，也许真实不会显得那么耀眼。

真实的文字让人记忆深刻，虚假的文字敷衍塞责。

滔滔不绝的说辞，让人们更接近虚假，远离真实。

真实的存在永远不会消失，虚假的存在昙花一现。

眼睛看到的并非真实，心里接触到的人才真实可信。

一个肤浅的人，常常用虚假的面纱遮挡真实的面孔。

从镜子里看到的不是自然，从生活中看到的最为真实。

朴实无华的容颜，不是比涂满色彩的容颜更真实动人吗？

溢美之词并不能真实地反映人生，恰恰是对人生的嘲讽。

言不由衷的表达让一件真实的东西，变得不那么真实了。

我面临两难的选择：一个是真实的你，一个是虚假的你。

友善的心不会看他人的脸色说话，其表达的意思真实无误。

当你一再为某件事解释时，人们有理由怀疑那件事的真实性。

梦幻的碎屑散落在希望的旅途中，这证明你的希望是不真实的。

如果不能真实地表达你的思想，就如同让我们在云雾里观察你。

不走出自我见不到真实的自己，不缩小自我看不到放大的自己。

豪言在落地的时候才有力量，诚意走进他人的心里才是真实的。

语言的真实性需要用行为加以证实，幸福的爱情需要用婚姻来诠释。

梦寐中的幻想代替不了真实的场景，狡诈之徒不会自动成为善良者。

向他人说出真实的意图，比隐瞒自己真实意图更容易得到他人的帮助。

在虚幻中找到的是你的影子，只有到人生的风雨中才能看到你的真实存在。

让我去猜测吧，你是一个披着金色外衣的虚假，还是一个袒露丑陋的真实？

3

用鲜花编织的梦想是甜蜜的，但不可长久。用汗水编织的梦想是苦涩的，却是真实的。

轻易去肯定或者否定一个人都是不恰当的，只有客观真实地去评价一个人才是可取的。

歌声并非都是美妙动听的，带点苦涩韵味的歌声，或许更真实，更易走进人们的心中。

从镜子里看到的自己与他人观察到的自己是不同的，一个是陶醉的我，一个是真实的我。

除非你的话语让我听得懂，你的心让我能触摸得到，我才会相信你对我的感情是真实的。

所谓的看好，不过是对某个人的前途估价。幻想中的世界不是你向往的天堂，足下的坎坷才是真实的人生。

有些人将虚假做得天衣无缝，善良的人防不胜防。有些人离开了面具不能真实地生活，面具成了其救命符。

也只有回到真实的场景，才能够让自己的人生灵动起来。也只有无任何纠葛于心，才能真正放手去创造自我。

自尊是为自爱者搭建的一处平台，只有在这个平台之上，你才能感觉到自己的真实存在，感觉到被他人另眼高看。

我的期望也许是漫漫长夜的等待，我的钟情也许是江河奔腾的波澜，我是众生中的一分子，我的五彩梦更接近于真实。

当一个人沉醉于虚幻之中时，他会将虚幻的画面视为真实的藏品。当其满足于眼前的利益时，他会将小小的成功视为对自己的犒赏。

对于善于表达情感的人，人们不得不在心里头提防几分。对哪一次表达的情感是真实的，哪一次是应景之作，哪一次是虚情假意，人们根本分不清楚。

善良篇

赞美

中肯的评价胜过虚假的赞美。

赞美之声是动听的，可又是廉价的。

赞美之声在其通行的领域没有任何障碍。

赞美是一种由衷的颂扬，也是一种违心的喝彩。

赞美那种不具有高尚品德的行动，实际上是在用调侃的口气嘲讽他们。

赞美让我走在比自己弱的人前面，奉承让我居于比我强的人后面。

奉承不是在赞美朋友，而是在麻醉朋友。

奉承对某些人来说被视为一种赞美，对某些人来说被视为一种贬低。

对他人的奉承只是奉承者为了得到他人的犒赏，并非发自内心的赞美。

有些赞美并非发自内心更像是一种奉承，有些赞美恰如其分却是发自内心的由衷赞叹。

在奉承声中被奉承者拉大了与他人的距离，在赞美声中被赞美者走近了与他人的距离。

享有者少有赞美付出者。

嫉妒与赞美不会握手言欢。

用夸张的口气赞美一个人，实际上是在嘲笑其人。

有些赞美可能是一副毒药，有些赞美可能是一副良药。

在某个时期给予赞美的东西，在另一个时期则极力贬低它。

某些人对名人的赞美，更多地出自羡慕之情而非真心去效仿。

在爱情面前聪明人变成傻子，在赞美面前精明人变成聋子。

用蹩脚的理论去褒奖高雅的行为，与赞美的本意渐行渐远。

我在自我欣赏中感受丝丝凉意，我在赞美他人中迎来满面春风。

也许只有浑浊才可以让你洁净，也许只有赞美之声才可以让你昏昏欲醉。

人们总在期许以极小的付出获取最大的回报，以少许的爱心赢得他人的赞美。

我缺少能耐，有人赞美我。我缺少抱负，有人看好我。我浑身是病，被视为健康者。

人具有两副面孔：在他受到赞美的时候满脸春风，在其受到斥责的时候满脸阴云密布。

向他人施以援手，并非意在获取他人的赞美，而是意在自己遭遇某种难题时他人也能及时帮上一把。

我们应当谴责这样一种人：他一方面穷尽一切手段去赞美某个人，一方面在暗地里不择手段去诋毁同一个人。

不要去责备那个落伍者，他只是乏了，走得有些慢。同样，也不要急于去赞美那个走在前面的人，他只是暂时领先，离最终的目标尚有一段长长的路程。

评价

浅薄的言辞里面难以找到客观公正的评价。

让他人评价自己比自己评价自己更准确客观。

在中国人的眼光里，端庄是对女人的最高评价。

在不了解你的朋友之前，最好不对你的朋友做出评价。

人们总爱用夸张的语言评价一个强者，用贬低的语气评价一个弱者。

我不能超过自己的了解去评价一个人，因为我的了解仅仅是一孔之见。

对那些徒具虚名的人，不要用评价成就的方法评价其人，而应用评价过失的方法来评价其人。

人的一生很难用顺与不顺去恰如其分地评价，有的人事业风生水起，他并不认为已如心愿。有的人事业失败，他并不认为虚度年华。

言行

1

有志不在言上，有心不在声调。

敷衍之言不可信。

善者沉默，歹者为伥。

沉默铸金，喧嚣助燃欲火。

灵感只会歌唱，不会沉默。

言少不惹祸，话多添是非。

无言的尊贵让有声不敢造次。

言辞的空洞源自精神的空虚。

言行不一，是某些人不能够成功的致命伤。

言行中有自己的影子，话语中有自己的风格。

没有一个人的言行不带有其思想的某种痕迹。

在山言山，在水言水，没有山水的地方泥土成金。

承诺无论大小，分量一样轻重。

承诺在没有兑现之前都是廉价的。

承诺过头，无疑是在开空头支票。

承诺越是响亮，它结的果实越小。

承诺最多的人，往往是最不能兑现的人。

承诺的责杖往往击打的是践行者而非卸责者。

承诺可以吊高你的胃口，但不能解决你的饥渴。

承诺的落地之声与美妙动听的歌声有异曲同工之美。

用心表达的语言生动翔实，用情表达的语言激情洋溢。

奔腾不息的汉江不曾放慢它的脚步，它是在践行对长江的承诺。

廉价的承诺就像囤积的商品，只有在断供的情况下拿出来才有销路。

高调的承诺并不会掷地有声，不动声色的承诺在落地的时候才会令人震撼。

2

庄严的诺言在未落地前都是轻飘飘的。

诺言只有兑现了才有分量，没有兑现的诺言没有分量。

诺言从来是一份沉甸甸的责任，而非用来向他人展示的机会。

寓意超过了文字本身的含义，所以它给人的启迪非同小可。

沉默也许是黄金，也许是遗憾。

低调并非沉默不语，高调并非喧嚣不止。

沉默者并不害怕孤独，只有喧嚣者才惧怕。

善意的举动远远超过美丽的言辞。

嘴巴长的人腿短，言语多的人劲虚。

行走的语言比会飞的语言更有力量。

美丑写在脸上，素质在一言一行中。

含糊不清的话语背后有着清晰的意图。

给文字披上战袍的，是勇士还是儒夫？

气质在人生的每一处言行中闪闪发亮。

空洞的说辞往往比恶毒的语言更有害。

天地之外，有什么能够与神奇的文字媲美？

世上没有什么后悔药，也没有回收的诺言。

那种自称高尚的人，他的言行一点也不雅。

味同嚼蜡的文字里被添加了太多生涩的成分。

麻雀栖高枝，在它的同类眼里毫无尊贵可言。

真言有时会引起误会，假话有时会引起共鸣。

振聋发聩的言辞，并未见生根、开花、结果。

3

尽管豪言一直在耳畔回响，但其足下岿然不动。

饱蘸激情的笔端，是否可以写出震撼世纪的文字？

誓言书写的时候热血沸腾，落地的时候没有回响。

合乎逻辑的事不言自明，背离逻辑的事阐释不清。

不需要滔滔不绝的言辞，只在于你我之间的默契。

我从你言语里看不清你，我从你的风度里看清了你。

战斗者的诺言是用热血写成的，它的分量重于千斤。

豪言求的是振聋发聩的效果，而非立竿见影的效果。

能够温暖他人的，不是铮铮豪言，而是一颗滚烫的心。

语言的轻重不是看语言的发声，而是看其产生的效果。

闪亮的语言有其深刻内涵，肤浅的言行显示人生的无知。

脸谱式的人物，不用刻画，其一言一行是生动的画面。

流言蜚语在愚者面前疯狂无比，在智者面前落荒而逃。

翻过去记载豪言壮志的一页，让新的一页记载精彩的表现吧。

多嘴的人藏不住心中的秘密，善言的人拉近与他人的距离。

我宁可相信你尚未说出的话，也决不听信你喋喋不休的许诺。

第一位发言的人，要么是胸有成竹的人，要么是不着调的人。

不能确保每一言行都高尚，起码可以做到不使每一言行都鄙俗。

叶儿不能代替花儿的微笑，正如花儿不能代替叶儿簌簌的语言。

漂亮的衣衫包裹的是虚肿的身体，惊天动地的豪言落地无声无息。

我们常常为一句好言而释怀，为一件善举而感动，为一件丑事而内心不安。

世界上的许多成功范例不是靠语言的撮合，而是靠耐心与努力的汗水成就。

4

在这个世界上最暖心的一幕，不是你的好言好语，而是你的举动。

如果仅仅听其言，不观其行，对一个人的判断就会出现重大偏差。

人们常常乐此不疲地做空话的传播者，却不大愿意去为真言栉风沐雨。

人们常常看到一个能言善辩的人，其言行的高雅与行为的丑陋甚不匹配。

涵养不是写在人的脸上，而是融化其言行举止及生活中的每个细节之中。

不要将自己想象得那么高大，其实你的言行已经证明了你是怎样一个人。

时髦的语言并不能给人踏实的感觉，艰深的理论并不能让人站在高端处。

语言的每个音符都被汗水浸泡过，劳动的每一分钟在创造语言新的光华。

真正的厉害角色，是不说过头话，不行张扬之举。不能兑现的诺言，分文不值。

我能够在无边的海洋清醒地把握航行罗盘，在一个闪烁其词的人面前我无言以对。

你接受了他人的馈赠，享用了他人为你设的豪宴，你不去为他人代言还会为谁代言？

从细小的行为中可以看到一个人的伟大之处，从伟大的言行中可以看到一个人的卑微之处。

力透纸背的文字，它不应当是传导给天空的一朵云，它应当是人们留给大地一行清晰的足迹。

在荣誉面前，我不是朝圣者，而是逆行者。牌坊门楼是中国人的脸面，语言是中国人的身份。

在无言的世界里，我们看到的是一颗冷静的心。在喧嚣的世界里，我们看到的是一张亢奋的脸。

如果说的比做的多，你的说在他人眼里不值一文。如果做的比说的多，你做的在他人眼里分量重千斤。

不苟同一个人的行为，最好用自己的言行表达出来，不应当欲言又止，这不是一个坦荡之人应有的行为。

善良

良知比善良更高贵，目标更远大。

善良人所做的一切都是带有温度的。

善良在友谊中扮演着主宰者的角色。

精致的面孔要有一颗善良的心匹配。

美貌匹配善良，才是一个完美的女人。

友善不是廉价的，善良也不是无底线。

你不漂亮，但你善良；你不爱表白，但你含蓄。

两面人极具表演天才，善良的人常常为其表演折服。

善良之举如同一首美妙的曲子，在每个受益者心中回响。

对善良的人敞开你的大门，对心怀不轨的人关上你的大门。

世界上若没有是非之分，就没有好人与歹人之分，就没有善良与邪恶之分，就没有勤劳与懒惰之分。

谎言大都披上温文尔雅的面纱和穿着真理的衣裳，让善良的人们自动解除思想武装，心甘情愿成为忠实的粉丝。

播种什么，将会得到什么。你播种善良，收获的是爱心；你播种仇恨，收获的是伤害；你播种花卉，收获的是芬芳。

从喧嚣者那里我学会了低调，从邪恶者那里我学会了善良，从奢侈者那里我学会了俭朴，从无所作为者那里我学会了进取。

社会环境及人的某种局限性，不能保证每个人所讲的话都是准确无误的，每一个出发点都是善良的，对社会是有益的，每一个愿望都是美好的，每一次付出都是有价值的。

包容篇

宽容

如果宽容过度，就是软弱。

理解是最高的尊重，宽容是最佳的帮衬。

宽容在感化一个人，而不是在改变一个人。

宽容自己的缺点远比宽容他人的缺点容易。

好强又不宽容的心，将自身孤立于众人之外。

我从宽容者那里领悟到人与人之间的和谐之美。

计较的结果将朋友变成对手，宽容的结果将对手变成朋友。

力量在宽容面前是一介勇夫，宽容在力量面前是一位智者。

有些人要求他人宽容自己的过错，却不能容忍他人小小的缺点。

人们在宽容他人也在被他人宽容，人们在赞美他人也在被他人赞美。

人们对他人的要求往往超过对自己的要求，对自己的宽容远甚于他人。

被视为好人至少不缺少五种品德：一是为人真诚；二是具有吃苦精神；三是为人谦和；四是对人宽容大度；五是颇具爱心。

如果你真诚、宽容、谦逊、友善，一点也不用担心缺少朋友。如果你虚伪、狭隘、狂妄、起心不善，再好的朋友也会视你为瘟疫，唯恐躲避不及。

包容

包容是一种胸怀，也是一种财富。

包容他人比包容自身更为明智。

有些人对他人十分苛刻，对自己极尽包容。

原谅自己是在护自己的短，包容自己是在损自己的长。

对弱者示强令自己变得弱小，对弱者包容令自己变得强大。

理解是将自己的心交给他人，包容是自己将他人的缺点融化。

对自己的放纵是对他人的犯罪，对自己的苛求是对他人的包容。

若是站立在高峰之上，你该如何去尊重山丘。若是一条江河，你该如何去包容小溪?

一种人有语言无思想，一种人有思想无行动，一种人有眼光无胸怀，一种人有豪放无包容。

猴子向黑熊请教健康之道，黑熊说道："多去包容他人，少去为不平事烦恼，让快乐常驻心间。如此做到，就可以健康无忧了。"

当你诚心地去做客人的时候，你热情的主人要你去做慷慨的主人。当你大度去做主人的时候，你多嘴多舌的客人要你去做包容的客人。

尊重

自重赢得他人的尊重。自重是一种放大了的尊重。

理解是一种尊重，更是一种胸怀。

自身的尊贵都是先从尊重他人得到的。

嘴上说尊重与行为上去尊重他人是两回事。

人性最本质的东西，是渴望得到他人的尊重。

当你尊重他人的时候，你也在无形地提升自己的形象。

有时候理解比支持更重要，有时候尊重比奖赏更重要。

有的人活着受人尊重，死了让人怀念。有的人活着让人讨厌，死了无人念记。

历史的倾向性十分明显，你尊重它，它会给予你无限的赞美；你鄙视它，它会给予你无情的鞭笞。

有时候奉承他人得到的仅仅是满足于自己虚荣心的一句许诺。有时候敢于仗义执言则会得到他人对自己的尊重。

当你与人为善的时候，你会感受到他人对自己的尊重。当你与人为恶的时候，你会感受到他人对自己的厌恶与鄙视。

识人

了解一个人先从第一印象开始。

看不透的事情才值得一探究竟。

不要用印象的第一眼去评判一个人，也不要用挑剔的眼光去评判人。

人们对他人的了解常常多于对自身的了解。

人们对他人的认识总是在第一印象中定格。

不了解一个人的意图时，不要轻易附和他人的声音。

用眼睛看人一分真九分假，用心看人九分真一分假。

真正让你看清某个人的品性，往往是一件很小的事情。

对某些人品性的判断，人们往往只看表象而不看实质。

你若了解一个人，不要听信他已经说过的，而要观察他尚未说过的。

要了解一个人，不只是要看他已经做了什么，而且要观察他将要做些什么。

你若是要准确地了解一个人，不是看他如何表现，而是看他最终想得到什么。

正确地认识一个人，不仅要看其光鲜的一面，而且要了解其不为人知的一面。

当你以一己之心去揣摩他人的时候，你所认识的对象已不再是其想象的模样。

若是从长度与深度去看一个人，你了解的不是一个人，了解的是众多相似的人。

如果我们对事物的了解，用眼睛去看而不是用耳朵去听，那么我们什么也听不到。如果我们用印象去了解一个人而不是用心去感知，那么我们眼睛所看到的就是另外一个人。

规则篇

规则

某些人陶醉于眼前的路，对未来之路并不急于规划。

事物的不规则，正是给人们提供一个思考并加以完善的机会。

强者为弱者让路，健全者为残疾人让路，这是一条国际通行规则。

不规则的人生是真实的人生，完美无缺的人生离我们十分遥远。

规则不应当像牛皮筋那样可以伸缩，而应当像钢筋那样坚硬无比。

个性，让他人看到你与众不同的地方。

缄默是无声的回答，喧嚣是个性的推介。

我们不是提线木偶，我们是一群活生生的有个性的人。

个性是生存者生命中的一道硬伤，眼里不易察觉，内心感觉明显。

正是因为各自身上存在的某种缺点，才使得一些人的个性更为鲜明。

所谓个性，不过是修饰着张扬的头发，穿着花哨的衣服，保持着怪异的行为。

主见是思想深处绽放的一束火花。

主见常常彰显一个人的智慧而非敏感。

主见对于某些人来说，是一座难以攀登的高山。

好主见并非待价而沽的商品，只有使用之后才知道它的价值。

没有独立人格，充其量是他人的附庸；没有主见，充其量是他人的配角。

附庸风雅，并不能够使你成为谦谦君子。

山峰谦卑地让位于江河，奔腾咆哮的江流毫无顾忌地从山峰旁穿过。

如果生命会动情地唱歌，它的歌唱会回荡在天空与大地之间。如果生命的强者会谦卑，张扬的风暴与狂躁的奔流将变得舒缓低调。

信仰

思想锻造灵魂，信仰指点人生，智慧精彩人生。

坐标的错位源自对信仰的偏离。

沉睡的梦，必须用信仰的激情去唤醒。

思想是人的第一高度，志向是人生的第一信仰。

心态是人生最初动力，信仰是人生的最终动力。

每个人心中都有一座圣山，这座圣山就叫信仰。

若是信仰在你心中不倒，灵魂永远不会死亡。

绿洲是沙漠的信仰，只有追寻者才能走进它。

一个人的全部看家本领是其对信仰的坚定不移。

假如信仰不在你心中，你该如何去找到人生的坐标?

激活生命的不是天不怕地不怕的勇气，而是矢志不移的信仰。

信仰穿透思想的迷雾并照亮前行者的路。

信仰是一座圣殿，只有虔诚的信徒才可以走进它的殿堂。

信仰是人生的灯塔、支柱，勇气是由信仰派生而来的大江奔流。

信仰引领我们向目标奔跑，不管前进的道路上是平坦还是曲折。

信仰是人生之源，它激活了人生之河的奔流。生活造就了巨人，也造就了懒汉懦夫。

你将成为什么样的人，不是由你的意志所决定的，而是由你的信仰所决定的。

从你半世的漂泊中，我知道你不是一个对信仰的虔诚者；从你将豪言当卖点、将仇恨当武器的行为中，我知道你不是一个真正的强者。

对手

对手往往是仇敌，也是成功者的动力。

轻视你的对手，是在自废武功。

轻视对手，博弈尚未开始败局已定。

轻视他人，往往给自己制造强大的对手。

临阵磨刀，等于是将机会送给对手。

鲁莽者常常将机会送给并非强大的对手。

可以低估自己的实力，不可低估对手的实力。

在对手面前怯场，并不是因为对手强大，而是对自己不自信。

精于世故的人，知道在强于自己的对手面前如何规避其锋芒。

藐视他人，不会给你带来心灵上的满足，只会为你增添新的对手。

人们有能力战胜强大的对手，但常常在自身的惰性面前败下阵来。

人生经历着两场战斗：一场是与对手的较量，一场是与自己内心的角力。

真正强大的对手，不是其拥有人数众多的队伍，而是其队伍所具有的旺盛士气。

让一个人沉寂消失的根本原因，不是外部对手多么强大，而是意志的大厦轰然倒塌。

轻视对手，往往不是出自自信而是出自傲慢。不要因为你站得比人高，而轻视比你站得低的人。

交往

人与人之间的交往，真诚是彼此的靠山。这座靠山见证了友谊，见证了岁月，见证了生死。

人与人的交往过程中，需要的是诚实而非过于精明。

误解发生在熟人身上的概率远远高于与其交往的陌生人。

人与人的交往，不在于时间的长短，而在于是否走进彼此的心里。

与不诚实的人交往，要睁大你的双眼，不要让他人的柔情蒙住了眼睛。

为了友谊的需要，两个人在各自的心灵深处建造了一座方便相互交往的桥梁。

与诚实的人交往，只有收获没有顾虑。与狡诈的人交往，须长个心眼，否则要吃亏。

从机械的伸缩缝中，我们是否可以领悟到人与人之间的交往中也应当给彼此留下空间。

有的人心很大，对自我的利益想得很远。可你真正与他交往的时候，并不知道他在想什么，他真正需要什么。

生活是一个舞台，编导和演员都是自己。他人通过观看你的演出，来了解你的才能与人品，而后才决定是否与你交往，与你做朋友。

处世篇

做人

1

明理是做人的第一道理。若是不懂这一道理，走不进做人的门槛。

学会做人是人生的第一步，学会做好人是人生的第二步。

失真是做人的一道硬伤。

自身有污垢，怎能嫌弃他人脏。

人在他人屋檐下，怎敢妄为之？

学会了感恩，才真正学会了做人。

不挡他人的路，多去为他人铺路。

被他人抬举，其人必有过人之处。

要不落后于他人，必先苦于他人。

不要让一时的忘乎所以成为永久的痛。

对人品的认可远远高于对功绩的奖赏。

挑他人的毛病，是在掩盖自身的疮疤。

丑化他人，并不能够增加自身的秀色。

敷衍他人，并不是想接纳而是在排斥。

贪占他人的便宜，是在吞噬自身的动力。

用情感表达的东西，不要用金钱去交易。

2

不要到他人的影子里去寻找你的面孔，你的面孔在他人的影子里找不到。

不要让他人对你的期待成为永久的等待。

不要让昔日的辉煌，成为今日前行的绊脚石。

不要以为你站在高山之巅，就可以轻视山丘的存在。

不要到喧嚣声中去寻找胆魄，而应当到宁静中去沉淀意志。

不要将包袱看成一种负担，在某种程度上，包袱等同于一种动力。

他人的经验你不一定欣赏，但对你很管用。

他人闯出的一片天地，并非你的久留之地。

他人的馈赠并非没有成本，记住这一点至关重要。

认同感不是对他人的附和，而是一个选项。

追捧姿态的人，并没有认真掌握做人的要领。

真正厉害的角色，是不显山露水，低调做人。

认清自身的潜能，比获取他人的帮助更为重要。

被人看好是幸运的，不被他人看好并非不堪大任。

漂亮的形式比充实的内容更容易引起他人的欣赏。

羞涩的可贵之处，在于遮挡住了蜇伤他人的锋芒。

大地奉献给人类一切，却不要求人类给予酬谢。

跟在他人的身后追赶，你永远不会成为领跑者。

能够吸引他人注意的人，总会有某些过人之处。

欲知他人的高度，应站立在比他人更高的山峰。

任何过分的举动里面都包含了排斥他人的因素。

棋高一着的人，是能够摸准他人脉搏跳动的人。

影子不要刻意去放大，让它保持原真的模样最好。

占他人一分钱的便宜，日后须用双倍的价钱偿还。

对他人的好感更多的是来自趣味相投而非判断力。

3

你可以复制他人的形象，不可以复制他人的精华。

当你真要表达与众不同的意见时，不必顾忌他人的眼神。

当你自诩为豪爽大气的时候，你根本没有可给的东西帮助他人。

在他人追捧你的时候，你应当做一个清醒者，而不是去做一个陶醉者。

享受他人带来的荣光，你可能会获得一时的快感，但不会成就你的荣耀。

当他人去筑墙时，你不妨去为他人递砖。当他人去过河时，你不妨去为他人架桥。

有些人将狂妄视为一种能力，将老实做人视为懦弱。

有些人将高调视为做人的筹码，有些人将低调视为人生的一面镜子。

有些人做人如同画中人，做事如同走秀场。用金钱开路，风险无处不在。

有涵养的人不给他人难堪，无素质的人专戳他人的痛处。

自诩为高尚的人，不过是比他人多了一副讨人喜欢的面孔。

你议论的话题即使不想证明什么，也已经给他人留下想象的空间。

在后面追赶他人，你看到的是他人的背影，他人的正面形象你看不到。

最好的赠予，是在他人一筹莫展的时候，而不是在他人已经拥有的时候。

很难想象，一个向他人借取金子的人，最终返还银子，是个知恩图报的人。

骄横逞一时之勇得到的是他人的鄙视，委屈受一时之辱得到的是他人的敬畏。

不要将他人的抬举视为理所当然的荣耀，他人的抬举也可能是宽广的大道，也可能是看不见的陷阱。

诚实做人，我从失败者那里学会了重新站立，我从恶人那里学会了与人为善，我从守旧者那里学会了创新开拓。

处事

1

小事看境界，大事看胸怀。

一厢情愿的事不会有结果。

凡事将就都不会有好的结果。

好事做过了头不会是好事。

好事不可强求，只可顺其自然。

差异性是事物的平衡之美。

小脾气比大脾气更容易坏事。

空洞无物比夸大事实更有害。

事实是一个无法否定的存在。

被小人抬举并不是一件好事。

凡是有意义的事情都值得去做。

做事莫嫌天地小，做人莫怕多吃亏。

无用的话说得多，有用的事做得少。

心事往往成为压垮人意志的一块石头。

落后于时尚的人，大都舍不得扔下旧装。

多做锦上添花之事，不做折枝残花之事。

凡事做足了功课，才不至于临时抱佛脚。

凡是轻视小事的人，大事上也不会专心。

世上没有做不成的事，只有不想做的事。

体力完成不了的事情，只有用脑子去完成。

为门面装潢贴金，是某些人最为慷慨的事情。

舍去是一种慷慨，而不应当被视为一种放弃。

揭露事物的真相，是在还原事物的本来面目。

那种做不了事的人，常常嘲笑做不好事的人。

2

凡事有限度，超过限度就会走向事物的反面。

自圆其说的事情，没有一件经得起推敲和检验。

放弃你想要的回报，或许比你应当得到的要多。

事前规划好了的路线，并非最终行走的路线。

难度不在于事物本身，而在于对待事物的态度。

牵强附会的事，总会令心存侥幸的人欲罢不能。

放弃有时是最好的获得，后退有时是最好的进攻。

凡事看得开是在找乐趣，凡事想不开是在找伤害。

失去颜面对于看淡颜面的人，何尝不是一件幸事。

在你得到想要的东西之前，应当先放弃已经拥有的。

既然认准的事，不论结果如何，都应当坚持做下去。

其用心良苦的事，往往与想要达到的目的南辕北辙。

适当的增删，在于事物的周全而不在于事物的完美。

每一件悦耳动听的故事里面，都有一个辛酸的过去。

我欣赏不事张扬的缄默者，轻看喋喋不休的高论者。

3

有时候为了得到不得不放弃，有时候放弃是为了得到。

人到了无所顾忌的时候，任何蠢事、丑事都干得出来。

用事实说服他人，往往比用大道理说服他人更为有效。

谁在为某件事鼓吹，谁就有可能从某件事中得到好处。

人们常常不是凭了解而是凭直觉肯定或者否定某项事情。

为难的事做过之后，才知道当初的担心不过是虚惊一场。

世界上弄不懂的事情有成千上万，无须每件事都要弄明白。

当你对他人品头论足的时候，他人也做着与你同样的事情。

凡是有意义的事就应当积极去做，而非考虑是否值得去做。

无心去做的事，即使很简单、很容易，也不会有好的结果。

不合规则的为人处世方式，如同生活在两个不同纬度的世界。

节制并非限制你去做该做的事，而是限制你去做不该做的事。

举手之劳的事，有的人视为仁义之举，有的人视为多此一举。

给我昭示的东西并未感受其厚重，已经放弃的东西被视为珍宝。

在我看来，做好微不足道的小事，是在彰显一个人的精细之处。

幸运女神青睐的是那种有远见，肯吃苦，对事业锲而不舍的人。

挑刺像是在为他人止痛，挑事像是在平静的湖面投下一块石头。

敏感者犹如长着一双雪亮的眼睛，能够看透所面对的一切事物。

无论干哪一行都应当有上进心，上进心是你做好一切事情的源泉。

不合理的事情里面常常带有某些不合理的成分，不细想不会明白。

场面上的事大都涉及面子上的事，输赢的结果决定谁的面子大小。

4

人们试图去做好一件事与用心去做好一件事，会得出不同的结果。

那种渴望被他人理解的人，却常常做出一些让人难以被理解的事。

我不认为那种当面唱赞歌，背后极尽贬低之能事的人是正人君子。

将小事当大事去做，将大事当天大的事去做，世上没有做不好的事。

场面上的事常吸引人们的眼球，场面之外的事人们并不愿意去一探究竟。

用眼皮子去做的事，无须用心去做。用心去做的事，用眼皮子代替不了。

放弃在许多情况下是一种变相进攻，舍去在许多情况下是一种变相所得。

在邪恶面前，谁扮演正人君子谁遭人起哄，谁行丑恶之事谁被视为英雄。

机警的人常常走到事物发端的前面，迟钝的人常常跟在事物的背后追赶。

一个人在前行的路上会失去一些难以割舍的东西，也会得到一些更好的东西。

事物本身并不精彩，当事物在发展过程中让人们产生的奇思妙想才真正精彩。

人们从人之间、事物之间、生物动物之间的差异之中感受到世界的异彩缤纷之美。

过度的热心并非好事，他或者有求于你，或者加害于你，你不得不加以提防。

人们时常抱怨他人在为人处世上不诚实不公道，而自己在为人处世上时常带有偏见。

我们时常在空泛的议论中耗去了大好年华，而在需要专注的事情上鲜有精力去应对。

好事做了才是好事，做不好就不是好事。过分的关心并不是在助你前进，而是在拽你的后腿。

有这样一种现象让人不可思议：那种善于做好事的人不受人抬举，那种鲜有做好事的人却颇有人缘。

在我舍小义的时候，有人不理解说我是个目光短浅者。在我舍大义的时候，有人也不理解，说我是个贪得无厌者。我怎样去做才合乎道义呢？

德行

德行是人生的最高境界。

德行是人生最好看的景致。

嘴上不积德，此人不可交。

德行的涵养是人生最好的修行。

德行需要一生去涵养，恶行无师自通。

德行滋润了理智，但其不能为理智堪当大任。

风度是气度的另一种代名词。

气度是抚平内心不平的良药。

嫉妒者穿戴气度的衣帽觉得它太不合身了。

平淡即是充实，无过便是有德。

将就是一种敷衍，屈尊是一种美德。

人们对名声的追捧甚于对德行的践行。

道德的高地不会为轻浮者保留一席之地。

并非每个站在道德高地的人，都是完美无缺的。

有的人崇尚道德情操，却对自身的灰垢视而不见。

有的人功德圆满并未受人追捧，有的人小有成就受人敬重。

气度、胸襟、自控力，是一个人不断进取的不竭动力。

心胸宽大的人，人生格局大。心眼小的人，人生格局小。

有人从囿于自我利益中证明自己，有人用胸襟在证明自己。

人无眼光拘泥于眼前，人无胸怀纠缠于鸡毛蒜皮小事之中。

气度可以让一个弱小的人变得强大，也可以让一个强大的人变得弱小。

出于道德上的考虑，有的人不敢去行恶，但也不会主动去行善。

笨重的身体怎能穿上轻巧的衣裳，品行不端者怎能戴上道德的桂冠？

沉默不语的人比咄咄逼人的人更令人敬畏。理智是德行的最高表现形式。

从你的眼神里我感受到你幸福的余光，从你的胸襟里我感受到你友善的海洋。

在他人撑不起自身重量的时候，你不妨为他人搭把手，这无疑是在做一件功德无量的事。

在德行的强大攻势下，那种拥有恶行的人表面上不得不臣服，可私下里其恶行并没有减少。

在德行的王国里，你行进的每一步都在接近天堂。在恶行的王国里，你行进的每一步都在走进地狱。

沟通

沟通者，乃能工巧匠也。

心灵若是不沟通如同陌路人。

信任是桥梁沟通彼此，情感是纽带拥抱彼此。

如果你成为与他人之间的一堵墙，你该如何与他人沟通？

不交往，你怎么与他人沟通。不涉水，你怎能知道江河的深浅。

终日厮守或许是一件奢侈品，心灵的时时沟通却是轻易可以做到的事。

沟通是一门艺术，会使用沟通琴弦的人，弹奏的是一首让人享受的美妙曲子；使用不当者弹奏的是一首曲终人已散的曲子。

爱情·婚姻·家庭

　　生命因为有了爱情更加充盈。真正的爱情不是花前月下的浪漫，而是两颗执着的心心心相印。不要为眼前的风景陶醉，你前方的风景更美。读懂了一粒沙子，就读懂了奔腾的江河。生命的底气是荒原上生长的一棵大树，是溪流汇集起来的一条江河，是众多山丘之上隆起的一座高峰。

情感篇

爱情

1

爱得越深，伤害越重。

爱情不重表白，重在坚贞。

爱情若不是忠贞，便是死亡。

爱情与猜忌不会坐在同一条板凳上。

爱情是心灵赐给知己者可口的大餐。

爱情是甜蜜的代名词，婚姻是殷实的果实。

爱情是绽放的鲜花，婚姻是其结出的果实。

爱情将聪明人变成傻瓜，让愚笨者变得敏捷。

爱情的熔炉里冶炼的是忠贞，而非甜香的蜜汁。

爱情不过是一种形式，婚姻才是它真正想要的结果。

爱情若不发自内心地喷涌，那就不是真正的爱情。

爱情是伟大的摇篮曲，它让两颗喧嚣的心灵得到安静。

爱情是一种潜在的能量，它在尽情释放两个人的激情。

爱情不是一个人的独唱，而是一个人的独唱加上一个人的伴奏。

爱情没有现成的答案，它或许在恋人的脸上，或许在恋人的心中。

爱情不应当像攻城略地那般冲锋陷阵，而应当像慢火煲汤那样享受其醇香。

2

我的情感因为你的存在而风风火火。

我沉默了许久，因为我对你无话可说。

我爱你，是一个长久藏在心中的秘密。

我不知道你是谁，长久在我的心头驻足。

我能拥抱你的身体，但无法拥抱你的心。

我感觉不到你的存在，该如何与你同行？

我看见你款款向我走来，我的心在静静等待。

我的心被你的云雾遮住，仿佛置身于海市蜃楼。

我愿意为你做一只酒杯，让它斟满你喜爱的佳酿。

我挚爱的人，你像一轮明月将余晖洒满我的心田，让我春心荡漾。

我不是垂涎你的美丽，我只是关注你的与众不同。

我并不认为那种有时敢爱有时敢恨的人，是位英雄。

我愿用爱将心头之灯点亮，让你不用穿过黑夜与我约会。

我从来不怀疑你的微笑，因为你的笑容犹如冬日的暖阳。

我对你的爱从来没有动摇过，直至你找到爱的另一处归宿。

我只是你一个不存在的假设，永远不会成为你鲜活的灵魂。

我不知道你身在何处，但我感觉到你的心在与我一起跳动。

我的心早已不在钟爱的音乐里，所以我弹奏的曲谱总是跑调。

我不认为那种既能给你带来欢笑，又能为你制造痛苦的人是位仁义之士。

我看不懂你，不是与你离得远，而是与你离得近，近到可以闻到你的气息。

3

只有你是可爱的，你眼中的世界才是可爱的。

隐秘的世界在明月松间照里，我该如何走近你？

大义重过千金，高过亲情。

因为我在爱，这就足够了。

自怜是一种短视的自爱。

他以痛待我，却要我以爱回报。

要赢得她人的芳心，必须先付出真爱。

给予过多的爱，反而令爱的价值贬值。

信什么恐惧什么，爱什么痴情什么。

恋爱是一场没有终点的马拉松。

舍不去好的东西换不回心爱的东西。

时空传递着你的倾诉，我在静静地听着。

当美丽不再可爱的时候，那就不是美丽了。

情感，在我耳边微语："你的爱尚在彷徨中。"

请你将盛情装进酒杯里，让我们共同去畅饮吧。

在我心中，没有人能够代替你的位置。因为你是我的唯一。

你若走进我的心里比拥抱你还要踏实。

你是我心中的一位尊神，不论你走到哪里，我的心就会跟随到哪里。

你是否摘下面具，让我看清你的面容，好好端详。

如果不能够被你接纳，我的表现再好也是多余的。

你站在我面前，没有说话，可我已经明白你到来的意义。

你居于云端，我滞留于大地，请问，我如何能够与你同行？

你的话像春天的和风，你的笑容像盛开的鲜花，可你的心我猜不透。

你是溪边柳枝，我是清风朗月；你是二月的报春鸟，我是收获硕果的秋之歌。

如果我的存在对你是多余的，那你就不必在意我的存在。

如果我不能够走进你的心里，我的示好不是被你视为自作多情吗？

4

生命因为有了爱情更加充盈，爱情因为有了温度更加流畅。

是她的执着，让爱情之花永不凋谢。

很少见到聪明人在爱情面前不做傻事。

有些爱情实至名归，有些爱情是一场噩梦。

说爱情是个老掉牙的话题，是我们不可接受的事实。

生命是爱情的酒杯，杯中盛满了忠贞不渝的琼浆。

感情是吹向心灵的风暴，爱情是彼此拥有的月亮。

友谊是表达感情的一种形式，恋爱是爱情的特有方式。

真正的爱情不是花前月下的浪漫，而是两颗执着的心心心相印。

人们的爱情观容易受自身因素的某种限制，不会受暴风雨的左右。

平淡的爱情虽无激情却可以长久，美妙的爱情激情过后却不能善终。

当你矢志不渝前行的时候，你真的比我想象的还要伟大。

假如爱不根植于人的内心，爱情的种子还会开花结果么？

那些曾经拥有甜蜜爱情的人，在失去爱情之后，终生都将忍受爱情之痛。

理智的人在爱情面前表现得很迟钝，忠厚的人在爱情面前表现得很狡诈。

许多人对待爱情的态度似云雾，在你眼前升腾着、飘散着，很快消失得无影无踪。

当没有走进爱情的王国，你是一位渴望者。当你走进爱情的王国，你成为一位艰难的跋涉者。

只要你愿意接纳我，我愿意舍弃一切追随你。

爱一个人不需要理由，抛弃一个人不缺少理由。

没有一颗爱他人的心，同样没有资格接受他人的爱。

一些人的恨更像是一种爱，一些人的爱更像是一种害。

歌声与欢笑不能让你从低沉中走出，唯有爱让你猛醒。

窗外的美丽花朵，伸长脖颈在寻找它屋内钟爱的人。

无论这个世界上存在多大的变数，我对你的爱亘古不变。

恋情是一张网，网住的是朝秦暮楚者，漏掉的是痴情者。

爱凑热闹是某些既无实力又不甘于寂寞的人的一种生存方式。

爱不在秀场上去表演，它穿行在不为人们注目的乡野陋巷。

不要让在乎你成为永久的痛，不要让我爱你止步在离别时。

不切实际的想法如同水中的鲜花，镜中的美人，可爱不可及。

应当用心去感受人间的大爱，而不应当让爱停留在你的眼睛里。

可以不顾一切去爱一个好人，不可以黑白不分地去爱一个恶人。

为了爱而去爱，不会得到真爱；为了恨而去恨，不会得到快乐。

爱对眷顾它的人说："惩罚你，我才会爱你。抛弃你，我才会思念你。"

你亲近我，并不是因为我值得信赖，而是我在你心中的位置无人可以替代。

也许错过时机，也许缘分未到，我经年累月地苦苦等待，可不见你一丝的回声。

是什么现身让人们充满期待，是什么离去让江河无感，呵，太阳，我心中的女神！

有的人将爱挂在嘴上，有的人将爱藏在心里。挂在嘴上的爱是一种形式，藏在心里的爱会生根、开花、结果。

无论怎么说，爱是一件美好的事情，尽管到目前为止尚未取得爱的欢心，但我不会放弃对爱的承诺，因为爱在我心中。

5

家庭传递的不仅仅是一种家风，更是一种责任和担当。

婚姻是原配的好，物品是原真的好，自然是原始的好。

婚姻是爱情的归宿，爱情在通向婚姻的归途中其表达的方式并不雷同。

独木桥是喧闹的，爱它的人或恨它的人，都会在此通过。

不是你的美丽吸引了我，而是我与你离得很近，不能无视你的存在。

人们总爱向他人炫耀靓丽的一面，而对丑陋的一面千方百计予以遮掩。

人们总是在心爱的东西失去后才感到懊悔，而在拥有的时候并不看重。

即使你在空中歌唱，大地也不乏听众，前提是你是一个让人喜爱的歌手。

绿叶向鲜花说："我不能确保你永不凋谢，但我的心里永远有你的位置。"

与男人涉足爱河，同风雨共甘苦的女人不少，真正得到男人心的女人少之又少。

花儿的确是有灵感的，你给予它爱，它给予你幽香。你给予它厉色，它与你闭目不见。

自怜导致的自爱是很短暂的，它或许会成为时过境迁的回忆，但不会成为牵肠挂肚般的思念。

在回忆之川里我是否可以找到对你美好的回忆，在回忆之海里是否可以再次见到你乘风破浪的英姿？

请你拆掉防范的篱笆，让我毫无顾忌地拥抱你。我可能不会给你带来惊喜，但决不会给你带来伤害。

虽然你已离去，我依然闻到你的气息；虽然你已不再与我联系，你的人格和气质依然活在我心里。

什么是最好的时机，我不知道。什么是最佳的场所，我没有想过。可是，为了与你见面我等待了许久。在这漫长的等待中，你是否与我持有同样的心情呢？

如果我是一朵浪花而非一江奔流，你是否认识我？如果我只会匍匐前行不会飞翔，你是否欣赏我？如果我是一位乞丐，你是一位高贵者，在你的眼里是否有我的存在？

友情

黄金有价，朋友无价。

诚心是友谊的敲门砖。

假象往往成为某些真相的朋友。

被朋友欺骗比被不熟悉的人欺骗更痛苦。

最称心的朋友莫过于为你牵肠挂肚的人。

低调与张扬永远不会成为志同道合的朋友。

若满脑子是妒火，友善的鲜花如何在心中开放？

情重不过友谊，恩重不过生死，厚重不过历史。

朋友常常可以胜过兄弟，而兄弟很少可以成为朋友。

对友谊的亵渎莫过于将友谊当作商品交换一样使用。

友谊从来不是一方对一方的恩赐，而是一方对一方的责任。

用金钱结交的朋友不可长久，用情感结交的朋友终生同行。

精明的人在朋友面前不吃一分钱亏，忠厚的人在朋友面前倾其所有。

我们宁可听到朋友一针见血的批评，也不愿意听到虚伪的人给予美妙的赞誉。

真正的朋友，不在于尊卑、富足或贫穷、年长或年幼、身处远方或近在咫尺，而在于志同道合。

感情

感情只有用心去秤，才知道它的轻重。

感情的色彩越浓，原则的色彩越淡。

感情留下的空白，总会有热心人去填补。

感情欠账用多少金钱物资都偿还不了，只有感情才可以偿还。

感情不会是苍白的，它会通过自己的微笑或者伤感表现出来。

感情的天平倾向那一头让你牵肠挂肚的，轻的那一头可以忽略不计。

感情不会沉默，它在寻找某种投缘，并在某种投缘身上宣泄奔放。

感情有时像一潭深水，让人看不透。有时又像一杯白开水，让人喝下去淡而无味。

执着的感情是两个人的绝唱。

好脾气是熬出来的，真感情是黏出来的。

什么都可能有替代品，唯有感情没有替代品。

思想是写在大地的文字，感情是唱给天空的歌。

用心触摸到的东西，大都需要倾注感情的力量。

两个人的感情太深了，反而承受不起对方的误解。

契约是一种法律形式，约会是一种感情的联络方式。

拖延偿还感情债务的人，起初就没有作偿还的打算。

理智到达的地方感情到达不了，感情到达的地方理智畅通无阻。

情感的表露像一种甜美的微笑，或者是一首押韵的诗。

情感的迷雾是感情褪色释放的一波烟幕弹。

激情是火焰，一旦被燎原其势头不可阻挡。

若是心中没有激情，该如何让岁月去燃烧。

温情脉脉的面纱背后，并非灿烂的笑脸。

幻想点燃不了心中的激情，只会让人空喜一场。

是什么样的迷雾蒙住了你的双眼，是怎样的压抑窒息了你的激情。

激情是最雄辩的演说家，即使是清淡寡欲之人也不得不为其折服。

沉寂的心，在你激情迸发的时候，是否可以揭去你昔日忧愁善感的面纱？

用你真挚的心而不是用多情的语言去表达感情，另一个他自然会走近你。

神奇的文字不能够催生头脑中的风暴，朴素的感情为友善的人敞开了心灵之窗。

温度只有在感受到的时候才叫温度，感情只有在谁也离不开谁的时候才叫感情。

如果感情成为某种人的借口而不是渴望的话，你该如何独自去建造感情的大厦呢？

真正值得信赖的人，不是与你朝夕相处的人，而是知你冷暖、为你雪中送炭的人。

有一个人离我很远，一直伴随着我前行。有一种感情，它不表露，一直藏在内心的深处。

天空的白云在驻足欣赏你自由奔放的激情，远山如黛似一幅油画铺向天际，布谷鸟传来春的讯息，早春的杜鹃花已含苞待放。春天正等待着勤劳者的拥抱。

幸福篇

幸福

心态决定你对幸福的感受程度。

喜悦里面有泪水，幸福里面有痛楚。

上苍让我们享受幸福，是为了免受惩罚。

快乐具有幸福感，但不会成为快乐的源泉。

快乐并不意味着幸福，而幸福却包含着快乐。

他人可以引你走上正路，但不会代替你走入幸福的大门。

成功的钥匙掌握在自己手里，他人无法为你打开幸福的大门。

为他人着想的人很少不快乐，只为自己着想的人未必就幸福。

幸福不取决于财富的多少，而是取决于生活质量及人生的成就感。

我们的存在不仅仅在于去创造奇迹，而是为后来者播下幸福的种子。

也许对他人的倾慕不会有任何回声，但在我看来，独自在心里暗恋一个人是幸福的事。

人们在享受自由的时候，并不懂得自由的珍贵。人们在享受幸福的时候，并不懂得幸福的甜蜜。

当我们在夸耀的时候，是否还记得曾经的低落？当我们处在幸福的时刻，是否还记得曾经的苦难？

伤痛是我成长的一部分，痛苦是我快乐的一部分，逆境是我顺遂的一部分，苦涩是我幸福的一部分。

就让我去为你做一粒沙子或是一粒微尘吧，能够从你的快乐中分享快乐，从你的忧愁中分担忧愁，是我一生最大的幸福。

如果你渴望幸福，你就须拥有快乐。如果你渴望富有，你就须拥有财富。但我看到，拥有巨大财富的人并不幸福，拥有快乐的人倍感幸福。

快乐

乐观是成功之母，快乐是健康之母。

拥有健康的心态比拥有多少财富都重要。

青春绽放出的人生之花最为艳丽芬芳。

快乐的人最长寿。

会憧憬的人最快乐。

兴趣是一种比乐趣更高级的快乐。

快乐是藏不住的，谎言是瞒不住的。

如果快乐不在心中，你该如何去歌唱？

当你快乐的时候，会有人为你承受不快乐。

失去的可能是一时的痛，得到的可能是永久的快乐。

健康的心态是人生的一种底蕴，而非仅仅是一种身体状态。

创造者的心中永远是春天，在创造过程中享受着春天般的快乐。

一时的欢欣不能带来永久的快乐，正如肤浅不能代替深沉一样。

真正值得信赖的人，是那种既能与你分享快乐，又能与你分享忧愁的人。

诗人在浪漫中找到灵感，农民在播种中收获快乐，工匠在执着中成就自己。

快乐已远去，忧愁再去舔曾经的伤口，此刻我的心纠结于失落的痛苦之中。

在快乐的心灵里呈现鲜花盛开的春天，在眉头的皱纹里展示的是人生沧桑。

阳光

1

心中有阳光，满眼皆是春色。

能给你带来阳光的人，也会给你带来阴影。

明码实价的东西货真价实，藏着掖着的东西不敢见阳光。

尽管你的头顶乌云密布，相信在你的前方总会有阳光出现。

你错过了月亮也许要错过群星，你远离了阳光也许要与黑暗为伴。

抱怨再多没有人同情你，只有自己活得阳光灿烂才会有人羡慕你。

若是你的心是冷漠的，即使世界对你微笑，你也感受不到那是一片阳光。

人生并非每天都是阳光洒满大地，鲜花铺满道路两旁，享受雨露滋润的心田。

即使你的头顶艳阳高照，若是你的内心不见阳光，你前方的路仍是漆黑一片。

高尚的行为如春天的阳光温暖人们的心灵，卑劣的行为如毒蛇戕害人们的心灵。

世界给我美，我回报以歌声。世界给我吻，我回报以微笑。世界给我阳光，我回报以灿烂。世界给我掌声，我回报以鲜花。

2

美丽触手可及，完美遥不可及。

幻想是美丽的，现实是残酷的。

美不需要修饰与拔高，只需要欣赏。

经典既有传统之美，又有现实之感。

美好的东西总是伴随着痛苦一起到来。

美丽的东西有时只能外观上去感受它、认可它。

美貌的奇妙之处，在于激发人们对美貌的渴望、追捧及征服。

看似完美的东西往往并不实用，而实用的东西时常带有小小的瑕疵。

是思想的活力四射让青春不老，是大地的柔情让绿色永驻。

怜悯只是一种同情心的表现，而非真正具有爱心。

真正有爱心的人，从不将对你的这种关心当作某种施舍。

有些人的良知是在一次次责罚中唤醒的，有些人的爱心是在他人的感染下生成的。

有的人总是在漫长的等待中期望人生的奇迹发生，以至于耗尽了青春年华才追悔莫及。

将每一天当作最后一天去过，将每件事当作第一件事去做，让良知永驻你的灵魂，让爱心与你终身厮守。

你的歌声胜过世界上最美妙的音乐，你的热情高过火焰的温度，你的爱心能够融化白雪皑皑的冰峰，你的诚心唤醒他人内心的冷漠。

距离

距离不是问题，懒惰才是。

距离产生美，也产生隔离感。

距离在懈怠中被赫然拉大了。

有时候距离不是问题，心才是。

小心眼多了，你与他人的距离远了。

误解是造成两颗心灵相距最远的距离。

期望与现实的距离是在不断地拉大变长。

用眼睛看到的是距离，用心量出来的是差距。

咫尺之遥的距离，需要一生去追赶。

最短的距离，也许是发生在两个人的争论之后。

最长的距离与最短的距离在本质上是相同的。

再远的距离有追赶者，再短的距离有旁观者。

人与人之间的距离，在心的世界被无限放大了。

人比人有距离，山比山有高矮，身在其中乐在其中。

人之间的距离，有时候用眼睛看不到，心里却感受明显。

最好的距离是人与人之间，保持在一个适中的距离。

对距离的恐惧，是某些人不敢轻易迈出第一步的原因。

若是挨得太近情感舒展不开，若是保持距离彼此有了空间。

时空有时给人们带来的不仅是距离上的感受，更多的是一种清醒。

尽管人生的渴望像波涛在我们的心头奔涌，可我们觉得渴望的距离离现实仍十分遥远。

假如你是一朵带刺的玫瑰，我可能会与你保持距离，但是否会嗅到玫瑰花的芳香我不得而知。

当理想与现实距离十分遥远的时候，我们唯一可以做的就是用脚踏实地的每一天去迎接新的未来。

如果不是将印象作为评判标准的话，我们也许更容易走进所了解对象的心中，近距离揭示所要找的答案。

我行我素的代价是：亲近的人因为惧怕你的鲁莽与你保持距离，与你离得远的人因为你的不可预测性与你离得更远。

有时候我们看到的人与人之间的距离是有形的，有时候我们看到的是无形的。前者距离容易追赶，后者距离难以逾越。

江河不老·岁月永恒

　　世界这么大，总会有一处值得你驻足欣赏的风景。芬芳的鲜花，在欣赏者眼里才是有价值的。日月之光的永恒，在于它的每分每秒都是不可缺失的。日月的光泽是写在大地、江河、山川上的永恒。是大地的力量让江河湖海、日月星辰变得熠熠生辉。

人文篇

文化

历史的一瞥留下永恒之光。

历史不需要解释，只需要证明。

历史能够见证一切，能够说明一切。

历史的教科书很浅显，很直白，也很丰厚。

历史的厚重感里面，是文化的基因在闪烁耀眼。

历史定位每一个人的形象，是基于每一个人的表现。

历史记不住一瞬间，一定记得住其厚重，这就是文化。

历史不是一个人书写的，它借助于时代的推力，引领时代的前行。

理智是比节制更高尚的一门艺术。

创造历史的人们，并非享受成果的人。

欺诈扮演着暴徒的角色，谎言扮演着文明的角色。

老年人并不能始终占据好的位置，让位于青年是历史的必然。

交际是一门高深的艺术，能真正娴熟掌握这门艺术的人少之又少。

永恒的历史长河里，总会发生瞬间激起的朵朵浪花，虽然其震响很轻。

难道你真愿意骄傲到不肯微笑，狂妄到不肯冷静，野蛮到不肯文明么？

风景

世界这么大，总会有一处值得你驻足欣赏的风景。

与其说陶醉于自然，不如说在与山水一起灵动。

夕阳西下，大河晚唱也是一景。

云中的山岳不是森林，海市蜃楼不是城市。

不要为眼前的风景陶醉，你前方的风景更美。

树木并不是在拥抱小草，它在拥抱整个大地。

渡过清冷的冰河，你便能够到达融雪的早春。

云彩将游戏活动带到了空中，与太阳玩起了捉迷藏。

朝霞崭露骄阳的力量，黄昏的夕阳带来隔膜的雾障。

你是万千人中的一道风景，你的温馨与芳香让人陶醉。

天外飘来凝重的云彩，在催生春雨滋润这饥渴的大地。

熠熠生辉的大地，向宽厚的太阳之母致以崇高的敬意。

太阳展露它宽广的胸怀，为大地铺上金色秀美的地毯。

有多少空中的云彩不落雨，有多少地上的果树不挂果。

天空洗尽铅华，展露出蓝天白云，此时的风景最佳。

云雾殷勤地为山峦穿上一件衣衫，山峦并不感谢云雾的多情。

小松树并不孤单，在白云深处安家。生活在此处，何乐而不为。

树木吸进去的是光吐出来的是绿色，蜜蜂吸进百花香气吐出来的是甜蜜。

一片树叶的凋零让整棵树木失色，一条小溪的流淌直接影响了一江奔流。

花草上晶莹剔透的露珠，在炙热的太阳光烘烤下瞬间消失，还原于花草的本色。

也许站在更高的位置才能看到更好的风景，也许畅游江河才能感受大海的宽广。

萤火虫微弱的光亮温暖了整个世界。世界本来是属于太阳的。

故乡给予我们回忆的甜蜜，也给予我们体感的温度。

萤火虫的微光，在孩子们的眼里比夜空中的星星还要明亮。

我是故乡的一粒种子，在异乡的土地上生长得很旺盛，并且结出了丰硕的果实。

田园

1

高傲的鲜花无视比它低矮的小草。

嗅到花香，并不能真正拥有鲜花。

好看的并非鲜花，香醇的并非美酒。

你心里冷若冰霜，怎能期望鲜花捧在手上。

鲜花并非只是为你绽放，何必自作多情呢?

一株鲜花的凋零，并不会使整座花园失去春色。

如果春天不在你心中，谈论鲜花的芬芳有何意义？

心存旧的俗套，新时代的鲜花如何能在你的心头绽放？

荣誉的花儿要经得起风雨的洗礼，才可以保持它应有的格调。

芬芳的鲜花，在欣赏者眼里才是有价值的。在不会欣赏者眼里仅仅是嗅一嗅花香而已。

有的花开在春风化雨的季节，有的花开在寒风凛冽的冬天。开在冬天的花令人惊叹！

墨绿色的叶片要淡淡地描，艳丽的鲜花要细细地赏，暴烈的老酒要浅浅地酌。

一朵盛开的鲜花，在会欣赏者眼里，他感受的是季节的火红。在不会欣赏者眼里，仅仅是一朵鲜花而已。

2

风对好奇者紧追不舍，对无动于衷者不屑一顾。

风过后水面总会留下波纹，人走过身后总会留下痕迹。

风是一位风流倜傥的谦谦君子，还是一位不知天高地厚的狂人？

风从哪个方向刮来并不重要，重要的是你随风起舞，还是逆风而动。

褪去羞涩的风儿，让万物感受它的泼辣。

思绪如微风激起心中的涟漪，暮色已在关上白昼的闹钟。

也许是我们太看重了雨，才使风心灰意冷，变得狂躁不安。

虽然暴风雨不时在我的头顶上空掠过，可我的心却不为所动。

我的心像一片沉寂的湖水，没有风雨的侵袭，它是不会荡漾的。

若是不再沉默，我会呼风唤雨。若是不再粗鲁，我会风度翩翩。

今夜的暴风雨时缓时骤，我的心也随着这风雨的节奏而起伏不平。

秋风乍起，吹皱一湖碧水，湖鸭在湖面上跃上跃下捕获秋的果实。

3

我们常常为他人摇旗呐喊，而荒废了自家的田园。

日月之光的永恒，在于它的每分每秒都是不可缺失的。

始于三月春天的芬芳，在九月深秋里仍散发着它的余香。

树叶的簌簌之声，并非来自风的微语，它是绿色生命躁动的前奏。

路边的茅草幻想成为高山的劲松，屋檐下的麻雀幻想成为美丽的凤凰。

河边的小树渴望成为一名画家，热情的河水帮助小树完成了一幅精美的图画。

星星再怎么闪亮，也比不过月亮挥洒在大地的余辉。月光的余辉赛过晨曦的朝霞。

用期望值捧出来的是茫茫夜色里的萤火虫，用心捧出来的是浩瀚星空中的一轮明月。

遵从与违背规律的结果显而易见，一个春风得意步入天堂，一个沮丧痛苦地走进地狱。

当湖水中映照的月亮与天空中的月亮融为一体的时候，这大地之夜将处在一个透亮的世界。

温馨的五月，粉红色的夹竹桃成为大街一道霞光，它仿佛给四周的植物穿上了一件漂亮的衣裳。

夜幕合上了白日的倦眼，星星在夜空中闪烁，满月为大地铺上银光，今晚我的心都是这般冷静！

自然篇

江河

1

苍山不留客，江河迎故人。

源头活水涵养了一江奔流。

清风明月朗，大河浊水清。

江河楫揖拜小溪，花色留下芳香。

你可以看淡江河，但不能轻视小溪。

如果你不懂小溪，你如何去理解江河？

小溪流淌，江河看涨。小草露头，大地披绿。

我听见，江河中的每一朵浪花都是欢欣不已的。

江河是天空的沟渠，繁星是江河的太阳。

江河走进大海的怀抱，它找到了最好的归宿。

江河为琴，波涛为弦，风雨是奏响江河乐章的琴手。

江河可曾记得，养育你的是那终日不止息的涓涓细流。

滥竽充数如同泥沙在江河里翻腾，浑浊了一江奔流。

当风雨相约而至，江河便沸腾了起来。

拥有江河的人，在嘲笑拥有天地的人。

读懂了一粒沙子，就读懂了奔腾的江河。

风投足植物翩翩起舞，雨歌唱江河春心荡漾。

宣泄的江河混浊不清，喷涌的天空霞光万丈。

奔放的江河在淘汰泥沙的同时，也在净化自身。

除非你有超越江河的能力，你才可以主宰大海。

我的心在夜色的压迫下，飘向了不可知的江河。

翱翔在大海波峰浪尖上的海鸥不会迷恋江河湖海。

从低沉到喧嚣，江河从来不会掩饰其伟大的抱负。

我是否可以以江河的喧嚣之声来回答星空的静谧？

有多少条奔腾的江河，有多少与江河俱下的泥沙。

风平浪静的江河水面上，并不意味着奔流已经远去。

并非每一条江河都是那么喧嚣，并非每一条溪流都是那么宁静。

2

日月的光泽是写在大地、江河、山川上的永恒。

日月为母，大地为父，江河为兄，山川为弟，万物皆手足。

是大地的力量让江河湖海、日月星辰变得熠熠生辉。

做不了奔腾的江河，是否可以做一条静静流淌的小溪。

源头虽是涓涓细流，却影响了一条江河和一片大海。

当我沉寂时，江河就干涸。当我喧嚣时，江河就沸腾。

小溪像辛劳的母亲，将一条条江河抚养成奔流的巨人。

小溪的歌唱是在引领奔腾的江河，还是到大海里去放歌？

花草是大地的新衣，江河是鱼的殿堂，天空是鸟的牧场。

不要小看一滴水珠的作用，正是亿万粒水滴造就了江河的波澜。

畅想的花朵绽放在绿色的大地，奔流的江河投身到沸腾的大海。

高山的巍峨阻挡不了江河的奔流，江河的奔流源自小溪的流淌。

井水清澈是因为经过了沉淀，江河水浑浊是因为在奔腾跳跃。

我宁愿是一条静静流淌的小溪，也不去做一条喧嚣不止的江河。

我不是江河奔流淘汰的一粒沙子，我是江河波涛滚滚中的一滴水珠。

黎明时分的一声春雷惊醒了甜梦中的我，清晨的一场春雨溢满了江河。

喧嚣之声不是奔腾江河的律动，它是伴随着山洪暴发泥沙俱下的吼叫。

你在江河中奔腾歌唱，万物在为你鼓掌。你在天空翱翔，大地举头眺望。

对江河的赞誉是酣畅，对日月的赞誉是轮回，对天地的赞誉是厚重、深邃。

那种刚刚感谢小溪滋育的人，却又在他人面前兴致勃勃夸耀江河的奔流。

小溪呵，你虽只是涓涓细流，可你的步履却在通往宽广的海洋。

是什么样的小溪成就了江河的奔腾不息，是什么样的山丘成就了高山的巍峨。

底气是荒原上生长的一棵大树，是溪流汇集起来的一条江河，是众多山丘之上隆起的一座高峰。

3

一条小溪等同于一条江河，一棵树等同于一片森林，一株小草等同于一方草原，一缕月光等同于一轮明月。

小溪用低吟的方式烘托江河的奔流，星星用期盼的眼神迎接月亮的笑脸，云彩用面纱为太阳编织华丽的衣裳。

如果我是一匹良驹，可以驰骋千里。如果我是一条小溪，可以滋养无数江河。如果我是一座山脉，可以耸起座座高峰。

如果江河无道，大地将被泥沙覆盖，花草树木将不复存在，日月失去光泽，人间失去欢笑。

如果上苍高调，万物会齐声合唱。如果大地低沉，江河中的奔流会变得舒缓平静。

瞬间的快感不会成为永久的兴叹，正如每一朵浪花不能够在奔流的江河里永久存在。

不要以为你站立在高山之巅，就可以藐视山丘。也不要以为你在大海之上，就可以藐视江河。

没有任何办法可以让喧哗的江河变得无声无息，除非在久旱不雨的枯水季节才会令其停止躁动。

江河向大海夸口，山丘向高峰夸口，小树向森林夸口，松鼠向大象夸口，都认为它们是世界的主宰。

江河在汇入大海的时候，它在为大海的接纳而欢欣，不会为自身的消失而纠结。

在江河面前你是一粒沙子，在群山面前你是一株幼小的植物，在天空大地之间你是一个微不足道的存在。

即使我站立在高山之巅，离星空仍然十分遥远。纵然我涉足江河，大海对于我来说仍然十分神秘和不可知。

你不是寂静山林的一阵风，你是湛蓝天空的一朵云。你不是他人行走路上的一个脚印，你是江河奔腾中的一朵浪花。

人在夸耀中被神化，水珠在江河奔流中激起朵朵浪花，小树被一片森林紧紧地拥抱，草根用倔强毅力串联一座绿色原野。

风是温柔的，花草是馨香的，鸟儿的歌声清脆嘹亮，小溪欢快地流淌，江河在艳阳的照射下流金溢彩，春光是这样的妩媚多情。

在上苍面前我们不过是一株草，在大地面前我们不过是一粒尘土，在江河面前我们不过是一滴水，在月亮面前我们不过是夜色原野上的一只萤火虫。

如果我们仅仅满足于道听途说的话，那么江河有可能被视为大海，星星有可能被视为太阳。如果我们不能自圆其说的话，那个尚未出生的人可能会被我们视为超人。

如果黑暗在我心中，我该如何去歌唱太阳；如果邪恶在我心中，我该如何去歌唱友善；如果干涸在我心中，我该如何去歌唱奔流的江河；如果枯萎在我心中，我该如何去歌唱绿色的春天。

汉江

我与汉江一同渴望，我与汉江一同奔放。

暮色中的雨丝密密织就着对悠悠汉江的情愫。

暴雨如注，夜色深深，咆哮的汉江唱着豪歌一路东去。

你看见的是大江奔流而去，看不见的是江流下面的潜流。

汉江在暮色的晚霞里，用舒缓低沉的曲调演奏华美的乐章。

汩汩的源泉孕育了一江奔流，矮小的山丘催生了一座座高峰。

守护在汉江的身旁，却不懂汉江的奔流，该是一种怎样的遗憾。

夕阳西下，汉江的奔流犹如一首田园牧歌，在暮色的天际里余音缭绕。

白日的喧嚣沉浸在夜色的宁静中，九月的汉江用羞涩的低吟颂歌大地的馈赠。

细雨为汉江戴上薄薄的面纱，透过这层面纱，我仿佛听见汉江在欢快的低吟着。

夜色凝重，岸边灯火，江中繁星点点，奔腾不息的汉江用它叠翠的浪花奏响欢快的乐章。

波澜不惊的汉江，是在用它那特有的甜言蜜语与天地对话，还是在用殷殷的柔情向钟情于它的人送上深切的祝福？

秋风凉，露气白，月亮挥洒大地，汉江如同一个乖巧的婴儿躺在大地的摇篮中，伴随着优雅的摇篮曲，在睡梦中沉醉。

是大地的恩赐点绿了山川，是春雨的多情溢满了汉江，是浩瀚的夜空缀满闪亮的星星，是热情洋溢的阳光释放了人世间的能量。

　　夜雨像个吵闹不止的孩子惊醒梦中的我，如雷贯耳的汉江奔流回荡在夜色茫茫的上空，多雨之秋为汉江注入新的动力，我的祝愿融入汉江的奔放中……

　　清晨的汉江波浪是清脆的，夜晚的汉江波浪是深沉的。在这清脆与深沉的波浪声中，我们度过了多少个风雨飘摇的不眠之夜，迎来了多少个紫气东来的白昼。

　　夜深沉，风骤雨急，奔腾咆哮的汉江以排山倒海、大气磅礴的力量，奏响它气势恢宏的壮美乐章。透过夜幕，风雨为汉江奏响的乐声传到我的耳旁，让我惊叹，折服，久久不能入睡……

时光篇

时光

山水有情，岁月无意。

陈色沉淀着岁月的精华。

岁月无声去，老树催新芽。

石头的光滑源自岁月的打磨。

认知穿过时光的隧道成为经典。

空谷幽兰独享的是一份清静时光。

时光在亢奋中回响，在无奈中消失。

一层纸的隔膜，一生的时光也未能捅破。

凡是冠以老字号的称谓，都沉淀着岁月精华。

也许只有耐心地守望，才会迎来美好的时光。

也许岁月不会过问你的行程，但它在见证你的结局。

在岁月的废墟上，每一块瓦砾都寄托着厚重的历史。

岁月的沉重不在其漫长的时光，而在其所经历的磨难。

岁月似乎忘记曾经的荣光，它留给身后的是永久的自豪。

失落的过往者，在逝去的岁月里寻找他曾经的荣光。

理智之光在时光的隧道里穿行，带给人们的是探索新知的力量。

日子品尝之后才知道是否甜美，岁月走过之后才知道是否静好。

多少时光在心灵空乏中白白流失，伟大的抱负在沉寂等待中窒息。

岁月是风雨，豪气是雨具，人在风雨中行走，豪气为其遮雨挡风。

老年人的精华都付给了曾经的岁月，青年人的精华正在其足下生辉。

在岁月不动声色的力量面前，一个人即使有天大的能量也显得十分渺小。

独处的时光并非暗淡无光，其平静的内心深处蕴藏着五彩缤纷的世界。

记忆之灯时常照亮时光的隧道，让你穿行在遥远的岁月，搜索令你心动的故事。

时间

1

时间是人生最公正的裁判。

时间是智者的天堂，是愚者的坟墓。

时间像大海，人就像追逐大海的浪花。

时间已经在为我们无效的劳动而羞愧。

时间的河流冲不走记忆中最深刻的东西。

时间不需要你去恭敬，只需要你去同行。

时间在考验你的耐心，也在检验你的诚心。

时间是不偏不倚的证人，历史是最终的诠释者。

时间是伟大的见证者，见证着一些人的成长，见证着一些人的堕落。

时间是无情的，让虚度者耗尽了年华。时间又是公正的，让勤奋者修成正果。

时间是公正的，对珍惜它的人表达了足够的尊重，对轻视它的人给予了无情的惩罚。

时间对每个人都是一样的多少，只是使用时间不同而已。

时间在不动声色地推动着我们朝前走，不论你是否察觉。

时间已悄无声息地离开了，可你还在老地方左顾右盼。

时间可以淡化一切，但人生曾经走过的路，留下的足迹清晰可见。

时间不会因为你的懈怠而宽容，也不会因为你的锲而不舍而透支。

时间的定义过于宽泛，以至于喜欢追赶时尚的人错将时令当时尚。

时间并非不公正，它不会厚待爱它的一方，也不会慢怠轻视它的一方。

时间在有些人眼里如同东逝的江河水，任其跌宕起伏，自己不置可否。

时间给人们留下深刻的印象，在于它不动声色的力量而非漫不经心的流淌。

时间流水冲刷掉的是人生的浮躁、狂妄，沉淀的是人生的冷静、坚强和成熟。

2

只有被浪费的时间，没有被浪费的汗水。

任何甜言蜜语都经不起时间的检验。

自信难以长时间地扮演成功者的角色。

天地是最公正的证人，时间是最准的尺子。

如果你懂时间，应当相信时间跑不过人的腿。

用一辈子的时间去维系一个人，因一句话而翻脸。

任何一件华而不实的东西，都经不起时间的检验。

能够驾驭时间并不重要，重要的是如何科学使用时间。

慷慨给他人的，他人会分毫不差地回报给你，只是需要时间。

你迁就时间，时间不会迁就你；你迁就播种，收成不会迁就你。

与其将时间耗费在与人的纠葛上，不如腾出手脚去开创一片天地。

自己的行为不被他人认可时，请不要泄气，时间会给你想要的结果。

让时间为你去分担责任，那不过是一厢情愿，时间会冲走一切幻想。

岁月不会计较你对时间的空耗，也不会怜悯你因空耗时间而失落的人生。

常常与你过不去的，不是他人，也不是事情本身，而是时间这个老冤家。

历史是时间的收藏家，历史是文化的沉淀者，历史是人类故事的集大成者。

我不见你并非不想你，我思考在什么时间、地点、氛围下见你最有意义。

最慷慨是时间，最吝啬也是时间。这要看你怎么去看待时间，怎么去运用时间。

惜时如金的人，既懂得时间的金贵，又懂得抓住有限的时间去做最有意义的事情。

有些老年人爱向年轻人夸耀曾经的过去，因为他们已没有更多的时间来炫耀现在。

这个世界上唯有真情实意才是可贵的，有多少漂亮的谎言能经得起时间的检验呢?

时间如江河之水，它奔流东去一刻也不会停下自己的脚步，不会给予你慢慢观察思考评头论足的机会。

我是否应当这样看待你：在江河面前，你是一位游泳者；在天空面前，你是一位飞翔者；在大地面前，你是一位耕耘者；在时间面前，你是一位赛跑者。

理想

风险与机遇并存，理想与困难相伴。

能够将理想变为现实的唯一通道是奋斗之路。

即使心中饱蘸旺盛的激情，也未必能够获得理想的灵感。

道德可以修复理想的缺陷，而理想难以修复道德的缺陷。

实用主义以是否有用为尺度，理想主义以是否耀眼为尺度。

理想主义者只见森林不见树木，现实主义者只见树木不见森林。

假如理想不在你的心中，生命的小溪还会汇入人生浩荡的江河么?

有的人想飞翔苦于没有翅膀，有的人缺少理想到他人的世界里去寻找。

理想不是用来向他展示的，而是在理想放飞的过程中产生的画面令人刮目相看。

如果理想是一块磨刀石，你该如何去磨砺自己？如果思想是一江清水，你该如何去洗濯自己？

理想与成功之间的道路并非十分遥远，但这条路走起来却十分艰辛，没有毅力的人很难到达终点。

有的人在筑墙，有的人在架桥，在的人在书海里畅游，有的人在向往理想的高峰攀登，有的人在四处流浪。

理想是闪电，是风，是火，是荒漠中的绿色生命，是浩瀚夜空中的星星，是晴空万里的太阳，是漫漫长夜的明灯，是茫茫大海中的航船，是催生生命之花绽放的春风细雨，是人生前行的动力之源。

未来

现实的钥匙打不开未来的锁。

敢于否定自己，才敢于去创造未来。

塑造自身具有改变未来面貌的能量。

未来是个未知数，不走近它心中没有底。

未来并不遥远，只是你缺乏足够的耐心。

沉醉于美好的过去，将失去精彩的未来。

人们用怀念过往的方式憧憬未来的前景。

怀旧之人不看好未来，只认可曾经的过去。

婴儿的咿呀细语更像是一首对未来向往的歌。

每个人内心深处都有一个流光溢彩的未来世界。

某些人陶醉眼前的路，对未来的路并不急于规划。

造势者不是在着眼于未来，而是在改变眼前的处境。

我们的自信常常不是来自实力，而是来自对未来的向往。

有些人常常为眼前的成功陶醉，而对未来前景的追索多有懈怠。

一个人不可能预测未来有多大能量，但一定懂得眼前该如何度过。

如果未来不在你的心中，你怎能自觉地将眼前的成功当作新的起点。

在宁静的世界里，你的心是沸腾的。在未来的岁月里，你的志向是坚定不移的。

死亡是一个揭示者，但不是一个创造者。新生是个弱小者，却是未来的创新者。

你要了解一个人的现在，就要了解其过去。你要看好一个人的未来，就要看重其现在。

人们在消沉的时候并不甘心失落，在志得意满的时候对未来充满了几分不安。

人们从否定他的事物中学会了思考，又从否定他的事物中找到了打开未来大门的钥匙。

人们总是在未来与现实之间，难与易之间，舍弃与拥有之间，公正与偏倚之间作出艰难的抉择。

那种幻想着用未来美好的前景代替现实辛劳的人，既没有超人的智慧，又没有矢志不渝的毅力。

当无知充斥我的大脑的时候，我将一粒尘土视为一片大陆。当智慧闪亮在我大脑的时候，足下流淌的小溪被视为未来的大海。

为自己画像·为他人画像

心态决定你对幸福的感受程度。拥有健康的心态比拥有多少财富都重要。心中有阳光，满眼皆是春色。世界给我美，我回报以歌声。世界给我吻，我回报以微笑。世界给我阳光，我回报以灿烂。世界给我掌声，我回报以鲜花。

心态篇

心态

心态常常引领着动机。动机还原心态的本来面目。

心态是一潭看不见的深水。

心态已经为人生的终局做出了结论。

心态若是不正，即使你的面前铺满鲜花你也看不到。

行为发生之前，心态已经决定了你的胜负。

事情的本末倒置，并非出自眼光而是出自心态。

上苍并不会同情你的落寞，只会嘲笑你的无能。

善变的心态就像暴风骤雨的来临，让人猝不及防。

你微笑着面对这个世界，这个世界也微笑着面对你。

你若开朗，世界会对你笑。你若沮丧，世界会对你哭。

这个世界华美的乐章需要你去欣赏，不需要你去推介。

有些人的心态就像戴着一副面具，你很难透过面具看到其背后的尊容。

心态是人生的一面镜子，可以从中看到感情的跌宕起伏，人生的进取失落。

有什么样的心态决定有什么样的眼光，有什么样的思路决定有什么样的出路。

在原野上驰骋，我该保持怎样的心态？在心路上奔走，我该保持怎样的速度？

通常，心态决定着你是前进还是后退，是坚强还是屈服，是攫取还是奉献，是大度还是嫉妒。

心灵

心灵的创伤，是人生的记忆窗口。

心灵的载歌载舞，是在迎接人生春天的来临。

心灵承载的东西，并非软肩臂所能担当得起的。

在心灵上建桥比在江河上建桥成本更加昂贵。

心灵之河是否宽阔深邃，它直接决定人生之舟能否通达无阻。

人生路上不缺少同行者，缺少的是心灵相通的陪伴者。

我心灵的房间太小，它住不下两个人。

身体的病痛好治疗，心灵的病痛难痊愈。

让我走进你的心灵吧，用我的歌声为你祝福。

落差最大的冲击不是身体失重，而是心灵失落。

善的源泉来自心灵的深处，它像涓涓细流一样流淌。

真正的美不在你的眼睛里，而是在心灵感受的深处。

如果心灵是一江春水，你如何去感受它奔腾的力量？

即使伟大高尚的心灵，也有着擦拭不去的某种小小瑕疵。

我看不见你的影子，但是我的心灵已经感觉到你的存在。

一个人的心灵之门若是上了锁，他人的钥匙再好也打不开。

沉默者的心灵深处积蓄着一池春水，只待春花烂漫时荡漾。

印象是记忆的一种形式，心灵的值守比宏大的决心更有价值。

从镜子里看到的只是外在的世界，内在的世界在心灵的镜子里。

纠结是潜藏在心灵深处的一道硬伤，很难找到有效的治疗良方。

清醒对于模糊者来说，如同在布满云翳的心灵上闪现出一道曙光。

那种能够与他人酣畅交流的人，未必能够与自己的心灵酣畅交流。

语言是从心灵唱出的歌，只有爱听这首歌的人才会感受到其中的美感。

成见不会对一个人的身体伤筋动骨，却对其心灵留下的创伤刻骨铭心。

若是想了解一个人就应走进他的内心，若是要拒绝一个人就关上你心灵的大门。

污染读者心灵的文字，不在于文字本身的过错，而是撰写文字的人改变了其基因。

有诗意的地方，不是沿途的美景，不是书中精彩的篇章，而是心灵被深深触动的地方。

迷漫在大脑中的迷雾，是打开心灵之窗让阳光照射进来，还是继续关闭你的心灵之窗，让迷雾遮挡人生前行的视线。

内心

1

内心无定力，人生在流浪。

心不正，再直的路也走不直。

凡是用心皆有成。

心躁难以自控，心小难以容人。

人心得到的东西，金钱与权势或许得不到。

人可以胡思乱想，但不可以痴心妄想。

人们内心感受的东西要比眼睛看到的多。

人在此地，心在彼处。人在追随，心在引领。

人想要达到的地方，其心里早已备足了功课。

凡是不能将我摧毁的，必将使我更加强大。

小心眼藏不住晦暗的心理，大度承载千帆竞过。

凡是大度的人，他的内心深处有一宽广的海洋。

人若是不能够控制好自己的内心，亦不会走好自己的人生。

人的心是放大镜，眼前所看到的世界仅是心的世界的一部分。

人的动力常常不是来自外界的压力，而是来自内心的觉醒。

一个人的可怕之处是其深藏不露的野心。

一个含而不露的人，其内心的情感往往让人费解。

一颗飘荡的心如同空气中的尘埃四处游走，不知何处才是归途。

心里肮脏的人，看他人都是肮脏的。心里洁净的人，看他人都是洁净的。

2

每个人的内心深处都藏有一个不为人知的江湖。

每个人心中不乏敬佩之人，也不乏嘲讽之人。

我的幻想源自好高骛远的秉性。

我的困惑常常来自太多的幻想。

我不是离经叛道者，只是与众不同。

我欲飞得更高，亦须长硬翅膀。

我踮起脚尖仰望星空，有人在高处俯视我。

我有一颗不凡的心，但我是一个微不足道的人。

我没有固定的生存方式，我是一个能方就圆的尤物。

我要说，是因为我不得不说。我要做，是因为我不得不做。

我欣赏的并非我向往的，我拥有的并非我想要得到的。

我是无感世界的一株闭目养神的花蕾，在有感的世界里怒放。

我本不想触碰你内心的伤疤，但又怕错过与你的接触而留下遗憾。

我尚未说出来的话比说出来的话深刻，我未表达的意见比表达的意见精辟。

我的胸怀没有那么大，装不下一座东湖。我的心眼没有那么小，可以穿过一根绣花针。

我只是茫茫荒原夜晚的一只忽明忽暗的萤火虫，不会成为闪烁在夜空中一颗明亮的星星。

我不是弹奏者，可我在为弹奏者的曲子跑调担忧；我不是诗人，可诗人最好的诗句我至今尚未欣赏到。

我的歌声很轻，它只在自己内心里回荡。我说话的嗓门很高，我说出来的话不是让自己听到，而是让欣赏我的人听到。

当我褪尽了虚妄的束缚，便获得了无限的自由与轻松。

当你孤芳自赏的时候，他人鲜艳的画面或许在你心中不过是一道阴影。

当我惊叹时天空出现彩虹，当我失落时江流趋于平静。这个我就是宇宙与大地之间的轮回。

3

世上没有心走不到的地方，只有人走不到的地方。

世界之弦从我的心琴上奏响，留下经久不绝的余音。

作派是内心里渴望强大，但实力不足。

追逐漂亮的女人，并非能够得到漂亮女人的心。

智者感受的美在他的内心里，愚者感受的美在他的眼睛里。

真正的强大，不在你拳脚上而在你的内心中。

输不起的人，心里比他人缺少了一方天地。

时间会吞噬一切，也会吞噬你的雄心。

在我看来，人们所拥有的意愿远远超过其自身的能量。

在镜子里，你看到的是他人的影子，看不透他人的心。

在记忆之河里能够拨动心弦的，也就是那三两点白帆。

在记忆的长河里，每一朵浪花都会撞击一个人的心扉。

在空旷的世界里，我能够明显地感觉到一个人的存在，但无法看到一个人的心。

在任何一块土地上去辛勤耕耘都会取得果实，不过你应当带着诚心去劳作。

在肥沃的土地里耕耘不用担心它的收成，在贫瘠的土地里耕耘必须为颗粒无收做好准备。

季节很通人性，在你心情好的时候，春天降至；在你悲伤的时候，冬天的脚步紧紧跟随着你。

即使岁月远去，记忆之窗不再被打开，思念的精灵也会寻找一切途径飞进你的内心。

两个人好的时候，一根灯草可以拨亮彼此的心。两个人有怨的时候，一盏明亮的灯也照不亮彼此的心。

如果不能让人敬仰，如何做到让人顶礼膜拜？如果不能走进一个人的内心，如何做到挚爱如初？

你要看低他人，你就居于云端。你要看清他人，就要走进他人的内心。

诗人的灵感在其内心深处的飓风里，不在轻轻拂过大地的和风细雨里。

你耳朵听到的比你眼睛看到的多，你心里感受的比你书本上读到的要多。

镌刻在摩崖上的字迹，不如刻在心里的字迹深刻。戴在头顶的桂冠，不如脚下踩着的乾坤。

旭日之光在心头飞快掠过，眼前浮现五彩缤纷的世界。迟来的夕阳消失在天际之前，用满天的彩霞惊艳大地！

4

微笑是暖到心里头的春天。

渴望是心头的一团火。

渴望不过是人们心中的涌泉。

情怀是创造者内心的强大动力。

奇迹总是在耐心的守护中发生。

期盼得到的东西，心中并没有保留它的位置。

宁静的内心深处孕育着一片生机盎然的绿洲。

抱负的最终实现，不取决于决心而取决于意志。

精神的颓唐是以一种放纵的方式滑向深渊。

精神的亢奋常常可以做出种种高调的举动，让你侧目。

尽管他人的捣鼓之声在耳旁回响不已，但我的心始终坚如磐石。

寂寞是飘落在我们心中的一片枯叶。

激情迸发的人，其内心深处潜藏着沸腾的海洋。

怀旧者时常用心去擦拭被尘封的记忆。

怀旧仅仅是心中的某种留恋而非是一种情调。

假如星辰不在我的心中，我该如何去仰望星空？

开在大地的花不如开在心中的花持久不败。

镜子可以照出人的形象，但照不出人的内心。

结交是两颗心在碰撞，交易是两颗心在角力。

插在瓶中的花会枯萎，开在心中的花永不凋谢。

不以眼睛看到的为准，而以内心感受到的为准。

头顶没有太阳，是因为心中的雾霾太重。

任性的湍流冲垮的是自己内心的堤坝，他人的河防安然无恙。

任何一种假设都不能动摇我的意志，任何一种诱惑都不能让我动心。

5

眼皮浅薄，心深似海。

眼不到的人，心先到。话先到的人，心未到。

低调中有雄心，狂妄中有挣扎。

过度的热心反而让人觉得不安全。

善变的脸源自多变的心。

脚下不实，心里惶恐。

固执往往比野心还难以遏止。

告别只是一种形式，心其实早已离开。

舍不掉的东西，往往是内心最看重的东西。

对他人的怀疑之心，印证了某种欺骗的存在。

等待不过是一种形式，心愿早已融入彼此的血液中。

行为去证明的东西，恰恰是你内心需要表达的。

发自内心的欲望，最终会包装成各种形象展示在人们的面前。

逆反的心理诞生在物极必反的处境里。

能让其动心的必有其诱人的招数。

诚心得不到的东西，乞求更得不到。

无知比幼稚更有害，无心比有心难预测。

调门高低不能证明其实力，只能证明其决心。

谋略展示心胸的博大，算计暴露心底的阴暗。

狭窄的心胸装不下宽广的大海，弱嫩的身板走不了长路。

外力只有在内心的感应下才起作用，否则不起任何作用。

虽然我们脑海如波浪般翻腾，可我们的内心却沉默不语。

能够让我接纳的是一个没有骄横、没有媚俗的不同凡响之人。

两方的角力，不仅仅是体力上的较量，更多的表现在心力的较量。

怜悯那些装腔作势者吧，其实他们的内心比任何人都脆弱。

理性让我冷静面对一切，惰性让我顺从一切。

假象能够迷惑人们的唯一原因，是人们对假象失去了戒心。

聪明人用微笑掩饰内心的窘迫，愚昧者用怒气暴露内心的窘迫。

戒心就像一口深井，一旦掉进深井里将难以享受井外的天地之美。

狂躁的情绪支撑不起膨胀的野心，平静的内心潜藏着千军万马的力量。

不应将花的落红看成人们伤心时的泪珠，而应视为晚霞中的一道彩虹。

语言带有浓厚的情感色彩，它的每一个音符都在充分表达其内心的含义。

印象不是完整的答卷，旁征博引不如走进一个人的内心了解其人。

虽然在某些人的内心里激情始终沸腾着，可是他的行为总像蜻蜓点水般
轻盈。

并非良好的出发点就会收到良好的效果，并非良苦的用心就会得到他人
的感恩。

从他人手里已经得到了你想要的东西，不要再企图去从他人心中得到更
多的东西。

曾经的旧装让我貌不惊人，他人不屑一顾。如今的我穿上新衣，容光焕发，
让他人刮目相看。

心境

心中的歌唱给肯欣赏的人听。

心中的美常常超出眼睛所看到的美。

心中无路，再平坦宽广的道路也是畏途。

心中若是没有坚硬的翅膀，你将如何展翅飞翔？

心中的幻想是虚无缥缈的，留在大地上的足迹是清晰可见的。

人们不怕孤独，怕在默默无闻中终老。

心之海的帆船乘风破浪驶向向往的彼岸。

喧嚣与膨胀一样不会持久。

喧嚣过后的平静乃是回归正常。

高傲者在喧嚣声中找到了知己。

心中的定位远比眼睛的定位精确。

不期待也许没有遗憾，不拥有也许不怕失去。

不怕失去的，往往得到的比失去的多。害怕失去的，往往得到的比想要的少。

如果江河可以溯源的话，大海就不会自傲。如果天空不能够降雨的话，大地上的万物就不会有渴望与酬谢的心境。

反思篇

虚荣

虚假的人离不开面具，面具是一块遮羞布。

虚假最怕用事实说话，事实可以揭穿一切。

虚荣心是人性的一种本能，这种本能或许伴随终身。

虚荣心试图用阴影遮挡灿烂的阳光，以免现出原形。

虚荣心可以为一个人设定高度，但不增加其人生的亮度。

虚荣心极强的人，是在用面具而不是用心与他人交流。

虚荣心对于奉承者的某种投缘，通常不是出于感情，而是出于某种动机。

虚荣心如同一块遮羞布，它并非能够遮住身上的某种缺陷。

假如虚荣心不是为了掩饰自己的丑陋，它还能为自身做些什么？

为满足某种虚荣心，有些人时常用夸耀过去的辉煌以掩饰眼下的窘境。

坦诚常常令虚荣心无地自容。

在坦陈者面前，虚荣心找不到市场。在伪善者面前，虚荣心大有市场。

在虚荣心的庇护下，野草嬗变成了鲜花。

自负的虚荣比傲慢自大更有害。

面子是许多人心理上过不去的坎。

面子是给他人看的，里子支撑着自身的重量。

人们的虚荣心是在掩饰人生的某种缺陷。

爱慕虚荣者将伪装作为最好的武器使用。

虚假的东西总是披着合法的外衣在招摇过市。

正是因为市场的作用，虚假的东西才大行其道。

即使一个谦逊低调的人，也时常不得不面对虚荣心的困扰。

某些人如果不是出于虚荣心，不会对自身的缺点百般掩饰。

形式是外在的靓丽，里子是内在的靓丽，你是选面子还是里子呢？

有一种奇怪现象，人们宁可舍去最珍贵的东西，也不愿意放弃自己的虚荣心。

嫉妒

成见是嫉妒的另一种解释。

从他人的嫉妒中证实了你的优秀。

嫉妒之心在扼杀一个人的进取之心。

嫉妒让优秀者受伤，猜忌让无辜者受伤。

如果我们真正强大，就不会嫉妒他人的成功。

某些人的尖酸刻薄出自嫉妒之心，而非孤傲的性格。

嫉妒在某种程度上讲，是自负者虚荣心的一块遮羞布。

攀比只会增加一个人的嫉妒心，而不会增加其上进心。

过得不好的人嫉妒过得好的人，心胸狭窄的人嫉妒大度的人。

奉承

奉承是最廉价的投资。

奉承是治疗虚荣心的良药。

奉承大行其道，是因为有市场的需求故而长久不衰。

奉承的技艺远在捧场之上，邪恶的微笑比死亡还可怕。

奉承他人所得到的东西远超勤奋之人所得到的东西，所以奉承的行为并非廉价的。

明知奉承并非良药，可喜爱的人一刻也离不开它。

有些人的奉承是在丑化，有些人的批评是在美化。

某些人用奉承获得的收益，远多于他人用劳动所获得的收益。

人们讨厌奉承，并非真正拒绝奉承，而是不喜欢奉承的那种方式。

我宁愿做某个人的铺路石，也不去做某个人的奉承者。

我对奉承与刻薄一窍不通。当奉承者奉承别人时我是一个附和者，当刻薄者贬损他人时我又成为其同路人。

谎言

谎言的迷雾遮不住真理的光芒，如同山间雾霭遮挡不住高山的巍峨。

谎言与真理携手，让真理蒙羞。

谎言借助市场的某种需要大行其道。

谎言的传播者，是第一个加害者自身也会成为一个受害者。

谎言是建立在空中的花园，真理是大地结出的饱满果实。

谎言即使站在最高处，也只能成为云彩，而不会成为太阳。

谎言像一阵风掠过大地后无影无踪，真理像永恒的太阳光芒万丈。

谎言披着真理的外衣引领某种方向时，人们像虔诚的教徒对此顶礼膜拜。

给谎言加冕的是谎言背后的制造者。

真相站在真理一边，谎言站在谬误一边。

不要低估他人的判断力，真理远在谎言之上。

用真理包裹的谎言虽然可以惑众，但终究要露馅。

当你不能认可真理时，谎言成了你最好使用的工具。

如果真话是一面镜子，有多少谎言会在这面镜子里现形。

名利篇

名利

在喧嚣的名利场求证不如到放大的自我世界里去求证。

一个人看淡名利的时候，也正是一个人无所畏惧、奋发有为的时候。

麻雀的坏名声毁在它贪吃的嘴上。

有的人走过留下名声，有的人走过无声无息。

名声在得到的时候受人热捧，在失去的时候遭人唾弃。

不是他人将你看低，而是你自身的不良行为损害了自己的名声。

有些人行善，并不是在真心帮助他人，仅仅是为了获取某种好名声。

获取好名声往往比得到实惠更令某些人亢奋。亢奋中的豪言只能作为一段美好的记忆留存在自己的大脑中，它永远不可能变为现实。

有些话不在多而在于说得恰到好处，比如鼓励的话。有些逐利的事可以不做，有些与名利无瓜葛的事应当积极去做，比如助力他人成功的事。

欲望

欲望是个无底洞，再多的东西也填不满。

凡事多个心眼的人，都在盘算自己的得失。

一颗看不见的心，在传递着经天纬地的欲望。

不能成为欲望的驾驭者，必将成为欲望的奴仆。

在利益面前，舍去与贪婪的表现可谓泾渭分明。

欲望在没有被套住缰绳之前，就像一匹放纵的野马，难以被驾驭。

如果现实不能够满足其欲望，地狱的大门将为其洞开。

云雾的人生，在欲望的驱使下走向不可知的未来。

岁月留下的遗憾不可能让欲望去补偿，人生得失往往在一念之间。

有些人急于走进喧嚣之声中，是因为沉寂让其欲望受到了某种压抑。

让一个人沉沦的不是消失的斗志，而是不断增长的欲望。

那种急于想得到某种东西的欲望，实际上在阻碍其得到某种东西。

对物质的贪婪，常常不是来自人们的不满足，而是来自人们的满足。

私念膨胀人的欲望，享乐麻痹人的斗志，短视止步于眼前利益，无德失去人的天性。

长在低处的植物渴望向高处伸展，处在高处的植物渴望向空中伸展，植物与人一样都有强烈的欲望。

如果我们不是出自求知的欲望，而是出自一种猎奇的心理，我们得到的东西并不是自己真正需要的。

欲望在它受压抑的时候，它是温顺的。在它向善向上的时候，它是气宇轩昂的。在发狂发怒的时候，它的面目是狰狞可怕的。

财富

获取财富并不重要，重要的是如何使用财富。

对于一无所有者来说，不必为财富的增减担忧。

有些人只有在财富享用不完的情况下，才显得慷慨。

教训是买不来的财富，可又有多少人愿意去购买呢?

教训是刻在记忆深处的烙印，却是财富换不回的无价之宝。

一个人所经受的磨难，也许是多少金钱也买不来的财富。

一个人的吝啬，不是在累积财富之后，而是在他拥有财富之前。

有人很清高，他不会惦记你手中的财富，却要求从你口中借得话语权。

那种藐视财富的人，并非真的看清财富的本质，他们看重的只是财富的多少。

财富多的人总在为财富的减少而焦虑，财富少的人对财富的减少或者增多并不看重。

利益

在利益面前，最能看清一个人的本质。

在利益面前，某些人的私心表现得格外抢眼。

在利益面前，并非每一个人都能够表现得仙风道骨。

利益所表达的语言，远远超出形式所反映的特征。

媚俗是无能者获取利益的一种生存技巧。

当我们敢于与利益切割时，我们真的无所畏惧了。

在是非面前你是糊涂者，在利益面前你是一个精明人。

某些人对困难的重视程度远远不及对利益的重视程度。

借口并不是否认存在，而是作为谋取某种利益的跳板。

一个缺少心眼的人，并不缺少呵护自己利益的那份较真劲。

知足，在任何利益诱惑面前都不失为一种最佳的防御武器。

仅仅在于不涉及自身利益的情况下，我们才敢于仗义执言。

如果不是某种利益的驱使，不会有那么多人去关心同一件事。

太专注个人利益的人，已没有精力去关注自己利益以外的事情。

自信的人有时候并不在意获取某种利益，而是在于刷自己的存在感。

顾忌自己的面子，让他人没有面子；顾忌自己的利益，让他人失去利益。

人生面临着最重要的两道关卡：一道是荣誉关，一道是利益关。

我们常常引以为傲的，并不是因为我们的良好业绩，而是因为我们在利益面前表现得更为明智，更富有远见。

有的人厌恶某个人表现得十分隐讳，与你保持接触又让你觉察不出来。有的人奉承某个人用尽夸张虚构的手法，卑颜奴膝不讲廉耻。

我看好那种乐善好施，不求名誉的人；欣赏那种责任扛在肩上，迎着风险前行，不诿过于人的人；赞赏那种为了国家、社会、他人利益，隐姓埋名不留痕迹的人。

人性篇

品性

品性是人生最好的底牌。

顺其自然是最高的理性。

气势需要烘托，品性需要涵养。

超乎本性的东西，是恶而非善。

人的本性，一半是善，一半是恶。

历史的无情，在于它的公正。

自私自利的人是在与整个世界隔膜。

某些英雄的非凡力量，不过是理性的替代品。

任性的列车，时常在未到达终点前已经倾覆。

奴性是一个流传千年且至今无法根治的癌症。

隐性的冠军，常常不被人看好，不被人注目。

将过错推卸给他人，成为失败者最好的借口。

让他人折服的常常不是你的实力，而是你的品性。

鲁莽讨厌理性的束缚，而自由认同理性的左右。

细微末处往往能够折射出一个人的品性和境界。

人生无高度，谈何建树；人生无操守，谈何品性。

山中的羊肠小道不是平地宽广大路，容不得任性奔跑。

炫耀是一种先天性的疾病，目前尚无良药可以治愈它。

孤傲的性格就像生长在悬崖上的灌木，它不易让人接近。

妨碍手脚的，不是前进道路上的不平坦，而是惯性思维在阻拦。

人性是一条温顺的江河，只有在洪水到来的时候才变得放荡不羁。

华丽的辞藻只能给人美好的联想，而不会给人带来实质性的收获。

凡是存在的东西都有其合理性，凡是合理存在的东西都具有价值。

理性之光在迷思者困惑的时候送来一束曙光，让迷思者信心倍增。

将反话听成正话是一个人的胸怀。将正话听成反话是一个人的品性。

理性，带给你的是一股清新的空气，一缕明亮的阳光，一种正确的判断。

不做任性之举，不去恶语伤人。不强人之所难，不抓住他人的把柄不放。

自满是一种过度的消费，当自身的财富被耗尽时，它的消费欲望也随之终结了。

超过本性以外的东西令人不可捉摸，出自意愿之外的东西令自身的力量难以企及。

认知的局限性常常导致对未知领域举步维艰，即使天赋极好的人，在认知的局限性面前也难以有所作为。

自负

自负或许是固执的代名词。

自负的人不可能看清自己的面容。

自负者是高看了自己，小看了他人。

对自负者的吹捧比吹捧本身更为有害。

自信是对自负的反叛，自立是自足的靠山。

自负不是一种疾病，但比疾病还要难以治疗。

你不肯屈尊他人时，你的一只脚已迈进了自负的门槛。

自负的人不是在证实自己的强大，而是在证实自己的脆弱。

自负与傲慢消失在漫漫长夜中，正如鲜花消失在肃杀的寒风中。

人生错过的珍贵时刻，要么是在自负的时候，要么是在消沉的时候。

自负的人陷入狭小的天地不能自拔，低调的人在无限的世界里遐想飞翔。

拿自己的高度比他人的低度，你可能会自负。拿自己的低度比他人的高度，你可能会沮丧。

傲慢

过度自信，带给你的不是清醒而是傲慢。

胆怯的背后是实力不足，傲慢的背后是修养不够。

真正有资本的人并不傲慢，缺少真才实学的人常常翘尾巴。

傲慢者用孤芳自赏的方式展示魅力，这种魅力令人可望不可即。

傲慢穿上谦逊的衣裳，也不像一个低调者。

傲慢是一种过度自信，它常常令自控力失去功能。

傲慢的人有一种居高临下的气势，并且时常将这种气势视为向任何人炫耀的资本。

平庸

被歌颂者并非优秀者，被贬低者并非平庸者。

剑走偏锋成为出类拔萃者，按部就班成为平庸者。

出于不被他人轻视的目的，某些平庸者时常用美丽的外衣包裹丑陋的身体。

只会重复他人走过的路是平庸之辈，在没有路的地方蹚出一条新路的是奇人。

如果你是一位平庸者，必定是位满足者。如果你是一位创造者，必定是位叛逆者。

只有深度与广度可以展示你的才华，浅浅的溪流与平庸的低丘不能与你相提并论。

自我篇

自我

1

每个人的人生都是从接纳自我开始的。

人生的开始是在放弃幻想，真正认识自我之后。

迷茫是依附在自我身上的一层雾障。

标签所标注的内容，就是其身份的自我介绍。

站在自我的高山上，不知道他人的山峰有多高。

小的自我放大了是狭隘，大的自我放大了是贪婪。

走不出自我的人并非目光短浅，而是自我感觉良好。

有的人在自我天地里是国王，在他人的天地里是陪衬。

用他人的尺子量自己，比用自我的尺子量自己更准确。

伤口的愈合，有药物的作用，也有身体的自我修复功能。

一个禁闭中的自我，需要用激情的行为将自己释放出来。

走不出自我封闭的世界，其一生不会有脱胎换骨般的变化。

有人对自我夸耀的声浪盖过江河的波涛，而对其缺点三缄其口。

用自我的尺度去衡量一个人，你看到的已不是想象中的那个人。

人不自我封闭永远是自由的，若是要自我封闭就是在与自由作对。

当对自我可以无牵无挂时，自己真的可以展开双翅在天空自由飞翔了。

自我感觉良好是掩饰其窘境的一种技巧，这种技巧只对自己有用，对他人无效。

如果我会歌唱，决不做一个沉默者。如果我能够飞翔，决不做一个仰望者。

如果没有音乐的细胞，我如何能够歌唱。如果没有坚硬的翅膀，我如何能够翱翔于九天。

当一个人陶醉自我的时候，他亦不能前进。当一个人拒绝他人帮助的时候，他亦不能认清自己。

一个肯于负重前行的人，他的心里装着大千世界。一个在担当面前拈轻怕重的人，他的心里装着的是自我。

从自我的窗口去眺望他人的空间，我已分不清他人是在宽广的大道上奔驰，还是在狭窄的小路上艰辛跋涉。

自我欣赏是一种自嘲，自我贬低是一种自省。你向往的地方，就是你的天堂；你恐惧的地方，就是你的地狱；你到达的地方，就是你的王国。

人生的失落大都是在自我封闭的小天地里，一旦打开小我封闭的大门走进大我的天地，其人生将会得到根本性的改变。

2

过去离我们很远，现实离我们很近。

当我们不再为小我渴求时，便能够走向大我了。

当我们专注某种外在的形式时，我们离实质的东西已十分遥远。

历史展示沧桑的一面，现实给予我们全新的感受。

历史在每一个节点上，总会出现一位伟大的人物引领我们前行。

我们每个人是社会大元素中的一个小元素，无数个小元素构成了社会的大元素。

我们认为不可知里面有某种伟大的东西存在。

我们心中的歌声，是由创造者口中唱出来的。

我们有时候做一些无效的劳动，是在为看不见的事业增砖添瓦。

我们相中的东西往往得不到，我们不看好的东西却牢牢攥在手中。

我们中的一些人有成人之美的热忱，也不缺少坏他人好事的动因。

我们从最亲近者身上得到有价值的东西，最终又送给不需要的人。

我们从跌倒的地方重新站立了起来，我们从遗忘的角落里找回了记忆。

我们极力得到的东西往往不是想要的，我们想要的东西常常可望不可即。

如果我们不珍惜已经得到的东西，失去将不可避免。

通常，我们听到的与看到的不一致，我们说的与做的不一致。

在想象的空间里，我们都是勇者；在现实的空间里，我们都是懦夫。

困扰我们的常常不是前方的路有多难走，而是对前行的方向捉摸不定。

当我们走在上坡路的时候并没有感觉到有多大的负重，当我们走下坡路的时候对步履的沉重感觉明显。

如果都固守成规，我们中的人不会成为出头的椽子；如果都做沉默的羔羊，有谁愿意去做打破平静湖面的石头。

自己

1

人们在创造中发掘自己的潜能，在潜能的爆发中书写人生。

人若能认清自己，亦不会错看他人。

人们常常误解他人，却要求他人理解自己。

人只要不给自己设限，就没有过不去的难关。

人无法留下自己的影子，但可以留下自己的足迹。

人只有自己的步子走得是坚实的，其心才是踏实的。

人不能前进，不是他人挡住了去路，而是自己挡住了自己的去路。

人们的眼前若是只有自己，眼睛所看到的只是一条狭窄的河沟，而非宽阔的海洋。

不能正视自己的人，亦不能客观地看待他人。

不能在他人的世界里耀眼，只能在自己的世界里炫目。

太看重了自己，反而阻碍自己前行。

不看好自己，并不意味着不认同自己。

从来不将自己当角色的人，才是最厉害的那个角色。

解剖自己比解剖他人痛苦，但更有效。

堵他人的口是怕揭自己的短。

越是想表现自己，越是丑态百出。

羡慕他人的成绩，莫荒废了自己的学业。

照他人的方子抓药，并非能够治好自己的病。

缄默的人是在用他的胸怀而不是用豪言来表达自己。

小心眼瞄准的是自己是否吃亏，大视角瞄准的是伟大的抱负。

自己不是个角色，别幻想着在当今这个世界上去独占一席。

自己不能信服的东西，没有权利强迫他人去信服。

自己并不完美，你不能苛求他人完美。

自己没有高度，何以与人比肩？

自己挖下的坑，先跳进去的是自己。

自己做不到的事，不要强迫他人去做。自己没有把握的事，不要鼓励他人去做。

自己不便说出口的话借他人的口说出去，自己不愿做的事让他人代劳，自己得罪不起的人由他人去得罪。所谓的他们不正是我们自己吗？

2

为他人喝彩，不如自己活得精彩。

让他人服气，自己必有过人之处。

让他人臣服，自己需要有帝王般的神威。

对他人的偏见，常常误导了自己也害了他人。

他人的关心都不如自己的专心。

对他人的盲目追捧，常常让自己失去内在的动力。

他人身上特质的东西，往往是自己身上缺乏的东西。

对他人的失落不要幸灾乐祸，说不定下一个轮到的就是自己。

他人走过的路留下的是他人的气息，自己走过的路才会留下自己的气息。

他人施惠于自己的可以是露水之光，自己施惠于他人的应是透墒般的光泽。

他人可以动摇你的身心，但不能动摇自己的根。从本质上讲，只有自己可以左右自己。

能够制约自己的，一个是警醒的灵魂，一个是虎视眈眈的野心。

跟跑的代价是，他人已经到达了终点，自己的终点在哪里还不知道。

即使将自己打扮得美丽动人，他人仍能清晰地看见美丽背后的某种丑陋。

倚重某种得不到的东西，不是在增加自己的能量，而是在减轻自己的能量。

不要用自己的心去揣摩他人的心，你心中的世界太小装不进他人心中的大世界。

不要用自己的鲁莽去屡试他人的耐心。

不要让自己的可爱之处，变成他人的可恨之处。

不要因为太阳没有眷顾自己，而去责备太阳不公。

不要将自己视为高明的医生，你给他人开的药方根本治不了病。

不要将自己说得一朵花似的，自己身上的毛病他人比你自己看得更清楚。

不要将到手的东西视为自己独有的，随时有可能从自己手中被他人拿走。

月亮升起在头顶，银辉洒满大地，可自己心里的一盏灯尚未点亮。

为他人挖下的陷阱很有可能成为自己的坟墓，为他人铺成的宽广大道或许是自己最好的善终。

他人对自己的好一定要记住，自己对他人的好不必放在心上。他人对自己的凶狠不必在意，自己对他人的爱不能缺失。

3

对自己可以马虎，对他人不可假意。

对自己过失的庇护，是对他人的伤害。

对自己有清醒的认识，才会对人生有准确的定位。

对自己的误解往往是熟悉的人，而非不熟悉的人。

过多地在乎他人的意见，将失去自己的判断力。

在他人的世界里永远找不到自己的存在感。

与自己较劲，是选错了对象，看错了方向。

在自己眼里顶天立地，在他人眼里什么也不是。

没有什么比做好自己更为重要。

没有什么事可以难倒自己，只要保持足够的耐心和毅力。

没有谁愿意裹足不前，除非自己束手就擒。

证明自己不比证明他人轻松。

一味迎合他人，自己失去尊严。

给他人下套子，最终套住的是自己。

给他人出的题目，答案最终还在自己手里。

给他人使绊子，最先绊倒的往往是自己。

给他人枷锁，困住的是自己。

给他人面子，也是在给自己撑面子。

借他人的光，照不亮自己的路。

借他人的药方子，治不好自己的病。

借用他人的脸面装饰不了自己的门面。

借他人的磨刀石磨不快自己手中的刀子。

借他人的汤水下的面，煮出来的不是自己想要的味道。

真正困住自己的是惰性。

真正能够对自己构成威胁的，是自己的怯懦、野心和私欲。

真正能够推动自己前行的并非外在的力量，而是自己内生的动力。

真正关心自己的人，不是与自己朝夕相处的人，而是身在异域的人。

真正的舍得，不仅是将自己多余的送给他人，而且是将自己也需要他人更需要的东西送给他人。

4

一个人对自己想得多了，心里不会有他人的位置。

一个人可以输掉自己的财产，不可以输掉自己的上进心。

一个人不知道自己的终点在哪里，但不能忘记了自己的起点在哪里。

一个人不是因为你的决心使自己优秀，而是靠自身的实力和良好的品德使自己优秀。

一个人可以输掉自己的全部本钱，但不可以输掉自己的灵魂。只要灵魂尚在，你失掉的一切都可以搏回来。

与你兜圈子的人，并非为了调高你的胃口，而是出于某种策略，不到最佳的时机不会和盘托出自己的价码。

上苍为每一位来到人间的使者安排好了各自的位置，但这个位置要靠自己去寻找。

有的人处处想到自己，总觉得他人亏欠自己的。有的人时时想着他人，心里充满了踏实感。

有人在挤兑他人的同时，也将自己置于不道德的高地。

有的人不在自己的世界里奔前程，却在他人的世界里讨欢欣。

有的人对他人充满了防范心理，而对自己充满了任性与妄为。

有的人极喜爱打探他人的是是非非，而对自家的是非极为避讳。

有的人站在他人的肩臂上继续前行，有的人在堕落中为自己掘墓。

有的人远离污浊反而使自己不洁，有的人远离风险反而置身于是非的旋涡之中。

有时候自己跟自己过不去，并不是日子有多清苦，而是对富足的日子不满足。

有时候搬起石头没有砸到他人的脚，反而砸中了自己的脚。有时候好心并没有办成好事，而是铸成了大错。

有时候我们在成就他人，实际上也在成就我们自己，有时候我们在伤害他人，实际上也在伤害我们自己。

5

抬举他人，无声地在提升自己。

若不想看到自己的影子，就迎着太阳前行。

若要看清自己，不妨将他人作为自己的一面镜子。

若是不能在自己的世界里耀眼，那只能在他人的世界里当陪衬。

苛求他人，是在降低自己的认知标准。

板子没有打在自己身上，不会知道板子有多轻多重。

贬低他人并不能抬高自己，反而令自己的形象受损。

所谓他们的意见，不过是自己意见的又一种说法。

所谓的在行，不过是自己比他人的手艺更为精湛。

所谓的担当，就是兑现自己的诺言。

当人们对自己的要求降低时，其人品也随之下降。

当作贱他人的时候，你自己的声誉也在掉价。

当我们一再降低自己的高度时，没有人会愿意与自己一路同行。

当繁星缀满夜空的时候，我在寻找属于自己心中的那个星座。

当你为某种假象陶醉时，你既不能认清自己，也看不清你所陶醉的对象。

强烈渴望得到的东西并非轻易可以得到，容易得到的东西并非自己真正需要的。

居高临下，你看到的一切都比自己矮小。身在低矮处，你仰望的一切都比自己高大。

走上坡路的时候，你可以放开自己的速度。走下坡路的时候，一定要把握好自己的速度。

当我们戴着有色眼镜看他人，觉得心安理得；当他人戴着有色眼镜看自己时，则被视为歧视。

在通常情况下，惩罚他人比惩罚自己容易得多。惩罚他人不用考虑他人的感觉，惩罚自己则顾虑重重。

若是你对他人客套的话当真，那你就是抬高自己。若是你对他人捧场的话当真，那你就是在贬低自己。

6

将他人视为筹码，自己也会成为他人的筹码。

将自己视为月亮，你的夜空并没有繁星出现。

将他人当偶像，不是要做得像他人，而是要做得更像自己。

将自己看得小，在他人眼里看得大。将自己看得轻，在他人眼里看得重。

炫耀得不到其想要的结果，反而会令自己的形象失色。

活在他人的世界里与活在自己的世界里，是两种截然不同的天地。

活在他人的世界里那只能叫栖身，活在自己的世界里那才叫奔跑。

你的心或许可以装下世界，不一定可以装下自己。

你的容貌不在自己的镜子里，而在他人的眼睛里。

张扬与低调的区别在于，一个彰显自己的存在，一个隐藏自己的实力。

每个人心中都有自己的偶像，只是有的偶像可以效仿，有的偶像只能一生仰望。

我们常常为他人唱赞歌，不让自己受冷漠。

我们看不到自己的笑脸，不妨多看看他人的笑脸。

我们不亏待自己的前提是不让他人吃亏。

我们每天都在与自己切割，只是有的可以感觉出来，有的感觉不到。

我相信他人对自己的批评都是有益的，他人对自己的帮助是无私的，他人对自己的期待是催人奋进的，其中的我不是我们大家吗？

我不是他人心中的灯光，我是黑夜莽原上的萤火虫，我深信，借他人的光照亮不了自己，我要用自身微弱的光去照亮黑夜。

将自己看成多余的，你就是多余的。将自己看成是有用的，你就是有用的。凭已知的能力，你或许可以成为人生中的翘楚，也许会成为人生中的沉沦者。

7

敢于否定自己，才能塑造自己。

梦自己不去圆永远不会成真。

尊严无人可以给你，只有自己给自己。

攀登何止是在征服山峰，也是在征服自己。

并非每一个人都能够真正认识自己。

忙于给他人开药方，真正需要治病的可能是自己。

许多看不透的事情，是自己心理上过不去的一道坎。

找不到自己的位置，是被身旁的景致弄花了眼。

诗人的心，可以装下世界，可是装不下自己。

只要自己心里有一本账，无论他人怎样算计也算计不过你。

只要自己下定了决心，不论他人阻碍或者遇到各种困难险阻，都不可能动摇其决心。

面子不是他人给的，而是靠自己的人品与实力挣的。

看不到自己的短处，实际上损害了自己的长处。

俯视看到的都比自己渺小，仰视看到的都比自己高大。

站在高处看他人，你看到的人都比你低矮。处在低处看人，你看到的人都比自己高大。

与其被动地被他人推着朝前走，不如自己放开手脚主动地去奔跑。

如果只苛求他人，放纵自己，你将离他人越来越远，离失落越来越近。

如果你想展示自己的形象，就不必怕裸露自己。如果你怕暴露丑陋，就用黑暗遮挡自己。

如果你用心倾听他人的谈吐，你会见到真言。如果你拒绝他人的善言，会将自己拒之门外。

如果我们心中只有自己，将生存在狭小的天地；如果我们心中有他人，将生存在一个辽阔的世界。

如果我们稍加注意不难发现，那种与自己形影不离的人，从来没有与自己做过一次推心置腹的交心。

如果我们懂得知足的话，就不会苛求小溪成为大海，大地成为天空。如果我们只相信自己的话，昆虫的鸣叫或许不亚于美妙的音乐。

如果真正想拥有自己需要的东西，最好是在志得意满的时候。如果想舍弃已经拥有的东西，最好是在失去热情的时候。

8

坚守底线，如同在坚守自己的尊严。

冷漠是对他人的蔑视，对自己的孤立。

阻止他人行恶比自己去行善更有意义。

责罚自己是对亏欠他人给予补偿的一部分。

护自己的短，实际上是在助他人的长。

帮助他人，最后受益的是自己。

伤害他人，受伤最重的是自己。

乞丐不笑自己穷，富者不夸自己富。

无论他人如何去抹黑自己，能还原真相的只有自己。

无论是责备他人或者去责备自己，都不如一切重新开始。

无知伤害不到他人，必将惩罚自己。

用权势压倒他人，得不到自己想要的东西。

尖刻的语言常常刺不痛他人，反而令自己受伤。

不去帮他人修饰花园，至少应经管好自己的花园。

不处在众人的聚焦点上，不知道自己有多么刺眼。

夸耀自己的过去，是为了让他人高看现在的自己。

那个不知道深浅的人，常常向他人夸耀自己的洞察力。

那种试图通过贬低他人来抬高自己的做法，往往适得其反。

先控制好自己的情绪，再去谈论行使权力。

要爱自己先去爱他人，要惩罚他人先惩罚自己。

占他人一分钱的便宜自己不值一分钱。谦让他人无形中在提升自己的高度。

成全他人在某种程度上也是成全自己，损害他人在某种程度上也是在损害自己。

有些人

1

一个人的行事风格是其自画像。

一个人的承受力并不弱于其爆发力。

一个人的伟大之处，彰显的是胸怀与力量。

一个人可以想入非非，但不可以肆意妄为。

一个人的胆量常常是伴随着实力的增长而增长。

一个人的实力不会与生俱来，只会从拼搏中得来。

一个人到了真正无路可走的时候，勇敢才派上用场。

一个人的形象不是靠百倍修饰，而是源自自身的气质。

一个人的心思即使藏得很深，也会通过一定的形式表现出来。

一个人若是看不到自身的弱点，看到他人身上的弱点倒是很容易的。

一个缺乏远见的人，开创不了宏大的事业。

一个缺少耐心的人，很难成为一个坚守初心的人。

一个力量不足的人，即使打肿脸充胖子也硬撑不了多久。

一个慷慨陈词极为大度的人，在他人需要帮助的时候却什么也做不了。

一个病态的人，除了身体疾病方面的原因外，更多的则是精神方面的原因。

一个人的可怕之处，不在于他显示出强大的一面，而在于其不为人知的一面。

在人生的进程中，有些人并不是在自觉地行走，而是众多的人推动着一同前行。

洞察力在某些人的眼里被视为一种才智，在有些人眼里被视为傲慢。

2

有人在修路，有人在筑墙；有人在架桥，有人在毁堤。

有的人在大事面前一筹莫展，在小事面前多有主张。

有的人对恶人不设防，而对善待他的人防范有加。

有的人对他人关心的话视为歹意，对不着边际的话视为体己的话。

有的人放水是在为他人赶网，有的人是在趁他人不备浑水摸鱼。

有的人常常拿已有的成绩说事，因为他们已拿不出新的成绩向人们夸耀。

有的人宁可困在牢笼里挣扎，也不愿意走进新的天地呼吸新鲜空气。

有的人将不遗余力地追赶方向视为时尚，有的人将识别方向视为终身的必修课。

有人凭一张嘴走遍天下，有人凭一双脚走遍天下，有人凭一颗心走遍天下。

有人在高声叫卖，有人在忍饥挨饿；有人在炫耀中闪烁，有人在黑暗中摸索。

有人走过的路已经很拥挤了，去走没有人走过的路创造让他人刮目相看的奇迹吧。

有些路走过来后才知道长短，有些人的话听过之后才知道轻重。

有时候为他人让路是避免少走弯路，有时候跟跑是为了将来领跑。

有时候你想要的东西，就在你身旁，你却到很远的地方去寻找。有时候藏在你心里的东西，你却去向他人借。

3

人若是没有底线，将陷入他人的泥淖。

人若是不在乎所得，就不会怕失去什么。

人若是妄自尊大，他的世界里将如同一片不毛之地。

人若是没有受到他人的伤害，不会知道加害人的可恶。

心里若是不设防，人与人之间极容易接近。

若是心中无定力，到哪里都会迷路。

若是将坏人挡在门外，也有可能将好人挡在门外。

若是将自家的门面视为人的脸面，一点也不让人意外。

若是你能够放下不可名状的沉重包袱，你就可以自由奔跑了。

若是没有激励的因素存在，不会有那么多人去关注同一件事。

对于多舌者，如果不能视为帮凶，也应当被视为一个加害者。

一个随心所欲的人，其行为是对自己、对他人、对社会极其不负责任。

若是不用善意的表达方式，即使良好的祝愿，也会被人视为恶意加以拒绝。

有的人满足于自我欣赏之中，对他人的成就充满了嫉妒之心，不敢承认而是极尽诋毁。

美如果不在心中，所看到的美就不能称其为美。

如果荣耀可以永久发光的话，那么星辰是否会失色？

如果你是一个祈祷者，怎么可以要求上苍代替你去做一切？

如果不是无知与狭隘，人们不会将他人的鸡毛当令箭。

如果将拥有视为享有、独占，那么这种拥有就不会长久。

如果长城不在你的心中，怎么可以要求长江为你奔流？

如果你带着虔诚的心去寻宝，或许每一块土地都会给你带来斩获。

如果有一种可能让你不战而降的话，那就是当你拜倒在金钱面前的时候。

如果某个人成为他人的观赏物而不是效仿的标杆，那就不是一种正常现象。

如果以高低来划分，我同情处在低处的一方，不支持处在高处的一方。如果以强弱来划分，我同情弱势的一方，不支持强势的一方。因为处在高度与强势的一方已经超出常人的能量。

4

有些人手中无银子，却在充富豪。

有些人视蛮横为强大，视低调为懦弱。

有些人下注赌机遇，有些人暗中强实力。

有些人宁可折了里子，也不肯损了面子。

有些人从镜子看自己，戴着眼镜看他人。

有些人的失败仅仅比成功者少走了一步。

有些人在大义面前糊涂，在小利面前清醒。

有些人做看客的时候远远多于做主人的时候。

有些人宁可相信流言蜚语，也不去揭穿假象。

有些人在成绩面前是领赏者，在错误面前是诿过者。

有些人时常忙于为他人捧场，却荒废了自己的业务。

有些人自恃站在道德的高地，可以妄加斥责他人的行为。

有些人身份并不高贵扮相高贵，有些人身份高贵扮相平平。

有些人的热心让人心存感激，有些人的热心让人感到不安。

有些人视自己为闪闪发光的宝石，视他人为江河俱下的泥沙。

有些人眼睛盯住他人的缺点不放，却很少去正视自己的弱点。

有些人在微不足道的小事上纠缠不休，在大事上往往无计可施。

有些人一方面享受他人的馈赠，一方面鄙视那种身无分文的人。

有些人宁可屈尊做他人的应声虫，也不愿做理直气壮的探路者。

有些人视他人的影子为其形象，有些人视他人的气息为其风范。

有些人的脸谱时常在真假之间转换，让他人很难看清其真面目。

有些人常常将自己置身于道德的高地，却对自身的陋习视而不见。

有些人在有利可图的时候是奉献者，在无利可图的时候是沉默者。

有些人常常看不惯他人的不雅行为，却能够容忍自己的不雅行为。

有些人将他人的帮助视为天经地义，将自己对他人的帮助视为恩赐。

有些人疯狂追逐某种东西，并不是为了得到，而是在炫耀自己的实力。

有些人极尽渲染是为了早一点成名，有些人深藏不露是为了一鸣惊人。

有些人将空洞的口号视为豪言壮语，将自身的卑劣行为视为个人隐私。

5

有些人尚未出发已开始迷路，有些人未曾出发对前进的方向胸有成竹。

有些人就是这样奇怪：你恭敬他，他不领情。你作贱他，他反而巴结你。

有些人的爱不过是散落一路的花瓣，我的爱是镶嵌在恋人心中常年不败的鲜花。

有些人在真正需要挺身而出的时候不见其身影，在享受劳动成果的时候当仁不让。

有些人善于包装自己，并不是为了使其形象生动，而是不让人看到自己不雅的一面。

在有些人的眼里，有用的即是最好的。在另一些人眼里，最好的并非真正需要的。

有些人为他人挖的坑自己掉了进去，有些人将他人对自己不友好的举动变为对他人的关爱。

有些人的话像堆集在空中的云彩加重人的疑思，有些人的话像清澈的河水让人一眼望穿。

有些人身后的足迹清晰可见，有些人身后的足迹时隐时现，有些人身后的足迹根本看不见。

有些人热衷于在他人身上挠痒以博取他人的好感，有些人诚恳地帮他人治病不求任何回报。

有些人就是这样贪得无厌：你给他一座山丘，他要一座高峰。你给他一条小溪，他要一条江河。

有些人的人生哲学里生存就是一切，有些人的人生哲学里奉献就是一切。

有些人时常向他人滔滔不绝地夸耀曾经的辉煌，而对失落的人生过往一字不提。

有些人用幻想书写人生，有些人用抱负书写人生，有些人用一滴滴的汗水书写人生。

有些人的人生不是在追求进取中闪光，而是在无谓的纷争和无故的纠结中被消耗殆尽。

有些人的人生之路就像戏路，人们能够轻易观察到它展开的情节与套路，但把握不了其行进的速度与节奏。

有些事

有些失去像是所得，有些得到像是失去。

有些放弃是一种荣耀，有些得到是一种羞耻。

有些沉默是无声的抗议，有些沉默是一种涵养。

有些获取是图永久的安逸，有些获取是图一时的满足。

有些东西你可以从眼里看到，有些东西藏在心里看不到。

有些事忍一忍就过去了，有些事执拗下去只会害了自己。

有些事一开局就知道结局，有些事不到终局看不清结局。

有些东西存在只是一种形式，有些东西消失是最好的归宿。

有些好走的路被一己狭隘堵死了，看好的前程被懈怠耽搁了。

有的人只有亲近才谈得上爱，有些事深入了解才谈得上把握。

现实并不总是在扮演着笑脸，有些时候扮演一下冷脸也在情理之中。

有些话不掂量着说不知道轻重，有些事不琢磨着做不知道会在哪里梗阻。

有些自称为高尚的人，只要我们走近仔细去观察他，就不难发现其身上的种种陋习。

有些事用语言解释不通，需要用心去解释。许多时候我们在忙于为自己抓药，最后治好病的是他人。

有些事做得越多，在他人心目中形象越丑。譬如沽名钓誉。有些事做得越少，在他人心目中形象越好。